基于产学研深度融合背景下旅游文创产品设计研究

程素英　著

中国原子能出版社

图书在版编目（CIP）数据

基于产学研深度融合背景下旅游文创产品设计研究 / 程素英著. -- 北京 : 中国原子能出版社, 2024. 6.

ISBN 978-7-5221-3472-7

Ⅰ. F590.63

中国国家版本馆 CIP 数据核字第 2024MW1531 号

基于产学研深度融合背景下旅游文创产品设计研究

出版发行 中国原子能出版社（北京市海淀区阜成路 43 号　100048）
责任编辑 王齐飞
责任印制 赵　明
印　　刷 北京金港印刷有限公司
经　　销 全国新华书店
开　　本 787 mm×1092 mm　1/16
印　　张 15.5
字　　数 262 千字
版　　次 2024 年 6 月第 1 版　2024 年 6 月第 1 次印刷
书　　号 ISBN 978-7-5221-3472-7　　　　**定　价** **83.00** 元

前　言

随着全球经济的快速发展，旅游业已逐渐成为各国经济增长的重要支柱。旅游文创产品作为旅游产业链的重要组成部分，不仅承载着地方文化的传播使命，更在提升旅游体验、推动旅游产业转型升级方面发挥着不可替代的作用。然而，当前旅游文创产品市场仍面临着设计同质化、文化内涵缺失、创新力不足等问题，难以满足消费者日益增长的个性化需求。因此，如何在产学研深度融合的背景下，推动旅游文创产品设计的研究与创新，成为当前亟待解决的问题。

产学研深度融合是指产业、学术研究与教育之间的紧密结合与互动，通过共享资源、协同创新和人才培养等方式，实现知识创新、技术转移和产业升级。在旅游文创产品设计领域，产学研深度融合有助于将市场需求、文化内涵与创意设计紧密结合，推动旅游文创产品的创新与发展。同时，产学研深度融合还能够为旅游文创产品设计提供丰富的实践平台和人才支持，促进学术研究成果的转化和应用。

本书的意义不仅在于推动旅游文创产品设计的创新与发展，更在于通过产学研深度融合的方式，促进旅游产业与文化产业的融合发展，为地方经济的转型升级提供新的动力。同时，通过深入挖掘地方文化内涵，将旅游文创产品作为传播地方文化的重要载体，有助于提升地方文化的国际影响力，推动文化交流的深入发展。

目　录

第一章　产学研深度融合理论探讨

第一节　产学研深度融合的内涵与特点

一、产学研深度融合的基本概念

产学研深度融合是指产业界、学术界与研究机构之间形成紧密合作，共同推动科技创新、人才培养和产业升级的一种模式。这种融合旨在打破传统界限，实现资源共享、优势互补，推动经济社会持续健康发展。

（一）产学研深度融合的重要性

产学研深度融合对于推动经济社会发展具有重要意义。首先，它有助于提升科技创新能力。通过产学研合作，企业可以获得更多的创新资源和技术支持，加速产品研发和产业升级；同时，学术界和研究机构也可以从实际应用中发现问题，推动科研成果的转化和应用。其次，产学研深度融合有助于培养高素质人才。通过合作，企业可以为学术界提供实践基地和实习机会，帮助学生更好地将理论知识与实际应用相结合；同时，企业也可以从学术界引进优秀人才，提升企业的核心竞争力。最后，产学研深度融合有助于推动产业升级和经济发展。通过合作，企业可以引入新技术、新工艺和新模式，提高生产效率和质量；同时，也可以推动产业链上下游的协同发展，形成产业集群和产业链优势。

（二）产学研深度融合的特点

产学研深度融合具有以下几个特点。

紧密合作：产学研深度融合要求产业界、学术界和研究机构之间建立紧密的合作关系，共同制定研发计划、共享资源和成果。

优势互补：产学研各方在合作中能够充分发挥各自的优势，实现资源互补和效益最大化。企业具有市场敏锐度和资金优势，学术界具有科研实力和创新思维，研究机构则具有专业技术和研发经验。

创新驱动：产学研深度融合的核心是创新，通过合作推动技术创新、产品创新和管理创新，提升产业整体竞争力。

互利共赢：产学研深度融合追求的是各方利益的共赢，通过合作实现资源共享、风险共担和成果共享。

（三）产学研深度融合的实现途径

要实现产学研深度融合，可以从以下几个方面入手。

1. 建立合作机制：产业界、学术界和研究机构应建立长期稳定的合作关系，通过签订合作协议、成立联合实验室等方式，明确合作目标、分工和权益。

2. 加强人才培养与交流：企业应积极与高校和研究机构合作，共同开展人才培养工作，为学生提供实习和就业机会；同时，企业也可以引进高校和研究机构的优秀人才，提升企业的创新能力。

3. 推动科研成果转化：学术界和研究机构应加强与企业的沟通与合作，了解市场需求和产业趋势，推动科研成果的转化和应用；企业也应积极参与科研成果的评估和转化工作，提高产品技术含量和市场竞争力。

4. 完善政策支持：政府应出台相关政策，鼓励和支持产学研深度融合。例如，设立专项资金支持产学研合作项目，建立产学研合作平台，提供税收减免等优惠政策。

（四）产学研深度融合面临的挑战与机遇

在推动产学研深度融合的过程中，也面临着一些挑战和机遇。挑战方面，包括合作机制不健全、利益分配不均、人才流动不畅等问题；机遇方面，随着国家对科技创新的重视和投入不断增加，产学研合作的空间和潜力将进一步拓展。

面对这些挑战和机遇，我们需要采取积极有效的措施加以应对。首先，加强政策引导和支持，建立健全产学研合作的政策体系和法律法规；其次，加强合作机制建设，完善合作模式和利益分配机制；最后，加强人才培养和交流，推动产学研各方在人才培养、科研创新等方面的深度合作。

二、产学研深度融合的主要特点

产学研深度融合，是指产业界、学术界与科研机构之间形成的一种紧密而富有成效的合作关系。这种融合模式强调资源的共享、优势互补，旨在推动科技创新、人才培养和产业升级。随着全球化、信息化的深入发展，产学研深度融合已逐渐成为推动经济社会发展的重要途径。

（一）合作关系的紧密性与长期性

产学研深度融合的首要特点是合作关系的紧密性与长期性。在产学研合作中，产业界、学术界与科研机构不再是孤立的个体，而是形成了相互依存、共同发展的紧密合作关系。这种合作关系的建立，需要各方在目标、理念、资源等方面达成共识，形成稳定的合作机制。同时，产学研合作往往涉及复杂的技术研发、人才培养等长期性任务，需要各方保持持久的合作热情与耐心，共同应对各种挑战。

（二）资源共享与优势互补

资源共享与优势互补是产学研深度融合的核心特点。在合作过程中，产业界、学术界与科研机构各自拥有独特的资源与优势，通过共享这些资源，可以实现优势互补，提高合作效率。例如，企业拥有市场需求、生产工艺等方面的优势，可以为学术界的科研活动提供实践基地和市场反馈；学术界则拥有科研实力、创新思维等方面的优势，可以为企业提供技术支持和人才培养；科研机构则专注于某一领域的研究与开发，拥有专业的技术团队和设备，可以为产学研合作提供强大的技术支撑。

（三）创新驱动与协同发展

创新驱动与协同发展是产学研深度融合的重要特点。产学研合作以创新驱动为核心，通过整合各方资源，共同开展技术研发、产品创新等活动，推动科技创新和产业升级。同时，产学研合作注重协同发展，即在合作过程中，各方不仅关注自身的利益和发展，还注重与其他合作方的协同发展，形成互利共赢的局面。这种协同发展不仅有助于提升各方的竞争力，还有助于推动整个产业链的升级和发展。

（四）人才培养与交流互动

产学研深度融合的又一重要特点是人才培养与交流互动。产学研合作不仅关注科技创新和产业升级，还注重人才培养。通过合作，企业可以为学术界提供实践基地和实习机会，帮助学生更好地将理论知识与实际应用相结合；同时，企业也可以从学术界引进优秀人才，提升自身的研发实力和创新能力。此外，产学研合作还促进了各方之间的交流互动，通过举办学术会议、研讨会等活动，加强了各方之间的沟通与了解，为未来的合作奠定了坚实的基础。

（五）成果共享与风险共担

成果共享与风险共担是产学研深度融合的又一显著特点。在产学研合作中，各方共同投入资源、承担风险，共同开展技术研发和人才培养等活动。因此，合作成果也应由各方共同分享。这种成果共享的机制有助于激发各方的合作热情和积极性，推动产学研合作的深入发展。同时，由于产学研合作涉及的技术研发和市场应用等环节具有较高的风险性，因此各方需要共同承担风险，通过合作降低风险、提高成功率。

（六）市场导向与产业化应用

产学研深度融合的最后一个主要特点是市场导向与产业化应用。产学研合作紧密关注市场需求和产业趋势，以市场需求为导向，开展技术研发和产品创新。通过合作，企业可以更好地了解市场需求和消费者偏好，推动产品的升级换代；同时，学术界和科研机构也可以将科研成果转化为实际应用，推动产业的升级和发展。这种市场导向与产业化应用的特点使得产学研合作更具针对性和实效性，有助于实现科技创新与产业发展的有机结合。

综上所述，产学研深度融合具有合作关系的紧密性与长期性、资源共享与优势互补、创新驱动与协同发展、人才培养与交流互动、成果共享与风险共担、市场导向与产业化应用等主要特点。这些特点使得产学研合作能够充分发挥各方的优势，推动科技创新和产业发展，实现互利共赢的局面。在未来的发展中，我们应进一步推动产学研深度融合，加强合作机制建设，促进资源共享和优势互补，推动科技创新和产业升级，为经济社会发展注入新的动力。

三、产学研深度融合的时代价值

随着全球科技竞争的加剧和经济结构的深刻调整，产学研深度融合已经成为推动科技创新和经济社会发展的重要战略举措。在当今时代，产学研深度融合的时代价值愈发凸显，对于提升国家竞争力、促进产业升级和推动可持续发展具有重要意义。

（一）提升国家竞争力

产学研深度融合有助于提升国家竞争力。在全球化的背景下，国家之间的竞争越来越表现为科技创新和人才竞争。产学研深度融合能够汇聚产业界、学术界和科研机构的创新资源，形成强大的创新合力。通过合作研发、技术转移和人才培养等方式，产学研深度融合能够推动科技创新成果的快速转化和应用，提升国家在全球科技竞争中的地位。同时，产学研深度融合还能够培养具有国际视野和创新精神的人才，为国家的发展提供有力的人才支撑。

（二）促进产业升级

产学研深度融合对于促进产业升级具有重要作用。随着经济的发展和产业结构的调整，传统产业需要转型升级，新兴产业需要快速崛起。产学研深度融合能够推动产业链上下游的协同创新，形成完整的产业链和创新链。通过合作，企业可以获取最新的科研成果和技术支持，推动产品的升级换代和产业的转型升级。同时，产学研深度融合还能够促进新兴产业的培育和发展，推动经济结构的优化和升级。

（三）推动可持续发展

产学研深度融合有助于推动可持续发展。在全球环境问题日益严重的背景下，可持续发展已经成为各国共同面临的挑战。产学研深度融合能够汇聚各方力量，共同开展环境保护和资源利用等方面的研究和技术创新。通过合作，可以推动绿色技术的研发和应用，降低生产过程中的能源消耗和环境污染，实现经济、社会和环境的协调发展。同时，产学研深度融合还能够培养具有环保意识和创新精神的人才，为可持续发展提供有力的人才保障。

（四）促进创新资源的优化配置

产学研深度融合促进了创新资源的优化配置。在传统的产学研模式中，各方往往各自为政，资源分散且利用效率低下。而深度融合模式则打破了这种壁垒，使得创新资源得以在产业界、学术界和科研机构之间自由流动和共享。通过搭建合作平台、共享实验设施、互通技术成果等方式，产学研深度融合实现了资源的优化配置和高效利用，提高了整体创新效率。

（五）加速科技成果的转化与应用

产学研深度融合加速了科技成果的转化与应用。在传统的科研体系中，科研成果往往停留在实验室阶段，难以转化为实际应用。而产学研深度融合通过加强产学研之间的沟通与合作，使得科研成果能够更快地走出实验室，进入市场和生产领域。这不仅缩短了科技成果转化的周期，还提高了科技成果的适用性和市场竞争力，为经济社会发展注入了新的动力。

（六）培养复合型创新人才

产学研深度融合对于培养复合型创新人才具有重要意义。在当今时代，单一的学科知识和技能已经无法满足复杂多变的市场需求。产学研深度融合通过搭建跨界的合作平台，为人才提供了更加广阔的实践和创新空间。通过参与产学研合作项目，人才可以在实践中不断学习和成长，掌握跨学科的知识和技能，成为具有创新精神和实践能力的复合型人才。

（七）推动创新文化的形成与发展

产学研深度融合还有助于推动创新文化的形成与发展。创新文化是推动科技创新和社会进步的重要力量。产学研深度融合通过加强产学研之间的合作与交流，促进了不同领域之间的思想碰撞和知识融合，为创新文化的形成提供了肥沃的土壤。同时，产学研深度融合还通过举办创新活动、宣传创新成果等方式，营造了浓厚的创新氛围，激发了全社会的创新热情和创造力。

综上所述，产学研深度融合的时代价值体现在多个方面，包括提升国家竞争力、促进产业升级、推动可持续发展、优化创新资源配置、加速科技成果的转化与应用、培养复合型创新人才、推动创新文化的形成与发展等。在当前经济全球化和科技创新日新月异的背景下，我们应进一步深化产学研融合，加强产学研之间的合作与交流，为经济社会发展注入新的活力。同时，政府、企业、学术界和科研机构等各方也应共同努力，为产学研深度融合提供有力的政策支持和保障，推动产学研深度融合取得更加显著的成效。

第二节　产学研深度融合的发展历程

一、产学研深度融合的初始阶段

产学研深度融合，作为推动科技创新、人才培养和产业升级的重要战略，其初始阶段是整个合作过程的基础和关键。在这一阶段，产业界、学术界与科研机构开始探索合作的可能性，建立初步的合作关系，为后续深度合作奠定基础。

（一）合作意愿的形成与初步接触

在产学研深度融合的初始阶段，合作意愿的形成与初步接触是首要任务。产业界、学术界与科研机构需要认识到各自的优势与不足，明确合作的目标与需求，形成合作的共同意愿。同时，各方需要通过各种渠道进行初步接触，了解对方的实力、研究方向、合作经验等，为后续合作奠定基础。

在这一过程中，政府、行业协会等组织也可以发挥积极作用，通过举办产学研对接活动、搭建合作平台等方式，促进产业界、学术界与科研机构之间的交流与互动。

（二）合作框架的搭建与协议签订

在形成合作意愿并完成初步接触后，需要搭建合作框架并签订合作协议。合作框架是产学研深度融合的基本架构，包括合作内容、合作方式、合作期限、利益分配等方面的规定。通过搭建合作框架，各方可以明确各自的职责与权利，确保合作的顺利进行。

同时，签订合作协议也是产学研深度融合初始阶段的重要任务。合作协议是各方合作的法律保障，需要详细规定合作的具体内容、双方的义务与权利、违约责任等，确保合作的稳定与可持续。

（三）资源整合与团队建设

在合作框架搭建和协议签订的基础上，资源整合与团队建设是产学研深度融合初始阶段的关键环节。资源整合包括技术、资金、人才等方面的整合，需要各方根据自身优势和合作需求，合理调配资源，实现资源共享与优势互补。

团队建设则是确保合作顺利进行的重要保障。产学研深度融合需要跨学科、跨领域的合作，因此，需要组建一支具有创新精神和协作能力的团队。团队成员应具备各自领域的专业知识和实践经验，能够共同应对合作中遇到的挑战和问题。

（四）合作项目的选择与研发规划

在初始阶段，选择合适的合作项目并制定研发规划也是至关重要的。合作项目应紧密结合市场需求和产业趋势，具有前瞻性和创新性。同时，合作项目还应考虑各方的技术实力和研究方向，确保项目的可行性和成功率。

研发规划则是实现合作项目目标的具体行动计划。在制定研发规划时，需要充分考虑技术路线、研发周期、预算安排等因素，确保项目的顺利实施。

（五）初步合作成果的展示与交流

产学研深度融合的初始阶段，还需要关注初步合作成果的展示与交流。通过展示合作成果，可以增强各方对合作的信心和动力，为后续深度合作打下良好基础。同时，交流也是促进产学研深度融合的重要手段，通过交流可以了解各方的最新进展和想法，共同推动合作的深入发展。

（六）合作风险的识别与应对

在产学研深度融合的初始阶段，合作风险的识别与应对也是不可忽视的环节。由于各方在合作过程中可能面临技术、市场、管理等方面的风险，因此，需要提前进行风险识别和分析，制定相应的应对措施。

技术风险可以通过加强技术交流和合作研发来降低；市场风险可以通过

市场调研和预测来规避；管理风险则可以通过完善合作机制和加强团队建设来防范。通过有效应对合作风险，可以确保产学研深度融合的顺利进行。

综上所述，产学研深度融合的初始阶段是一个充满挑战与机遇的过程。在这一阶段，产业界、学术界与科研机构需要形成合作意愿、搭建合作框架、整合资源与团队、选择合作项目并制定研发规划、展示与交流初步合作成果以及识别与应对合作风险。通过这些工作，可以为后续的深度合作奠定坚实的基础，推动产学研深度融合取得更加显著的成效。

需要注意的是，产学研深度融合的初始阶段可能面临各种困难和挑战，如合作意愿不一致、资源分配不均等问题。因此，各方需要保持开放和包容的态度，加强沟通与协调，共同克服困难，推动合作不断向前发展。同时，政府和社会各界也应给予产学研深度融合更多的关注和支持，为其提供良好的发展环境和政策保障。

二、产学研深度融合的发展阶段

产学研深度融合作为推动科技创新、产业升级和经济社会发展的重要战略举措，其发展阶段是一个循序渐进、不断深化的过程。在产学研深度融合的发展阶段中，各方参与者的合作更加紧密，创新资源得到更加有效的配置，合作成果也更为显著。

（一）合作关系的深化与拓展

在产学研深度融合的发展阶段，合作关系的深化与拓展是首要特征。随着合作的深入，产业界、学术界与科研机构之间的信任度不断提高，合作范围也逐渐扩大。各方不仅在技术研发、成果转化等方面进行深度合作，还开始探索人才培养、资源共享等领域的合作。这种深度合作关系的形成，为产学研深度融合的进一步发展奠定了坚实基础。

（二）创新资源的优化配置与高效利用

在发展阶段，创新资源的优化配置与高效利用成为关键。产学研深度融合的各方参与者开始共同构建创新资源共享平台，实现技术、资金、人才等创新资源的优化配置。通过合作研发、技术转移、人才培养等方式，创新资源得以在产业界、学术界与科研机构之间自由流动和高效利用，提高了整体创新效率。

（三）创新成果的涌现与转化

随着产学研深度融合的不断发展，创新成果开始大量涌现。通过合作研发，各方共同攻克了一系列技术难题，取得了一系列具有重要意义的创新成果。同时，产学研深度融合还推动了创新成果的快速转化和应用。通过产学研合作，创新成果得以迅速走出实验室，进入市场和生产领域，为经济社会发展注入新的动力。

（四）合作机制的完善与创新

在发展阶段，产学研深度融合的合作机制也得到了不断完善和创新。各方参与者开始探索建立更加灵活、高效的合作机制，以适应不断变化的市场需求和技术发展趋势。例如，建立产学研合作联盟、设立联合研发机构、开展产学研合作项目等，都是合作机制创新的重要体现。这些创新机制为产学研深度融合提供了更加有力的制度保障。

（五）合作范围的扩大与国际化

随着产学研深度融合的不断发展，合作范围也逐渐扩大，并呈现出国际化的趋势。国内产学研合作开始与国际接轨，吸引更多的国际创新资源和合作伙伴。通过参与国际科技合作与交流，产学研深度融合得以借鉴国际先进经验和技术，推动自身创新能力的提升。同时，国际化合作也有助于拓展产学研深度融合的市场空间和发展前景。

（六）合作文化的形成与深化

在产学研深度融合的发展阶段，合作文化的形成与深化也是不可忽视的方面。合作文化是推动产学研深度融合的重要精神力量，它强调信任、共享、共赢等价值观，为各方参与者提供了共同遵循的行为准则。通过合作文化的熏陶和培育，产学研深度融合的各方参与者能够更加积极地参与合作，共同推动创新和发展。

（七）政策环境的优化与支持

产学研深度融合的发展阶段还需要政策环境的优化与支持。政府通过制定相关政策，为产学研深度融合提供税收优惠、资金支持、人才保障等方面的政策支持。同时，政府还加强产学研合作平台的建设，推动产学研合作的深入开展。这些政策环境的优化与支持，为产学研深度融合的发展提供了有力保障。

综上所述，产学研深度融合的发展阶段是一个合作深化、资源优化、成果涌现、机制创新、范围扩大、文化形成和政策优化的过程。在这一阶段，产业界、学术界与科研机构之间的合作更加紧密，创新资源得到更加有效的配置，创新成果也更为显著。通过产学研深度融合的发展，可以推动科技创新和产业升级，为经济社会发展注入新的活力。

然而，产学研深度融合的发展阶段也面临着一些挑战和问题，如合作机制的不完善、创新资源的分配不均等。因此，各方参与者需要继续加强沟通与协调，共同解决合作中遇到的问题，推动产学研深度融合不断向前发展。同时，政府和社会各界也应继续给予产学研深度融合更多的关注和支持，为其提供良好的发展环境和政策保障。

三、产学研深度融合的成熟阶段

产学研深度融合的成熟阶段，是各方参与者在长期合作的基础上，形成了稳固的合作关系、高效的创新机制、显著的合作成果的阶段。在这一阶段，产业界、学术界与科研机构之间的合作达到了新的高度，共同推动了科技创新、产业升级和经济社会发展的深度融合。

（一）稳固合作关系的形成

在产学研深度融合的成熟阶段，各方参与者之间形成了稳固的合作关系。这种稳固性体现在合作关系的长期性、稳定性和紧密性上。长期性意味着合作不再是短期的、项目性的，而是成为了一种持续性的、战略性的合作。稳定性则体现在合作关系的可靠性上，各方都能够信守承诺，履行合作义务。紧密性则是指合作关系的密切程度，各方在合作中能够形成紧密的互动和协作，共同应对各种挑战和问题。

（二）高效创新机制的建立

在成熟阶段，产学研深度融合建立了高效的创新机制。这一机制包括创新资源的优化配置、创新流程的简化与优化、创新成果的快速转化等方面。创新资源的优化配置意味着各方能够根据自身优势和合作需求，合理分配资金、人才、技术等创新资源，实现资源共享和优势互补。创新流程的简化与优化则有助于提高创新效率，减少不必要的环节和浪费。创新成果的快速转化则是将创新成果迅速转化为实际生产力，推动产业升级和经济社会发展的关键环节。

（三）显著合作成果的展现

产学研深度融合的成熟阶段，最直观的体现就是显著的合作成果。这些成果不仅体现在科技创新方面，也体现在经济社会效益的提升上；在科技创新方面，各方通过合作共同攻克了一系列技术难题，取得了一系列重要的创新成果，推动了行业技术的进步和产业升级；在经济社会效益方面，合作成果的应用和推广为产业界带来了新的增长点，促进了经济结构的优化和转型升级，同时也为社会带来了更多的就业机会和经济效益。

（四）合作模式的创新与发展

在成熟阶段，产学研深度融合的合作模式也在不断创新与发展。传统的合作模式已经无法满足新的发展需求，因此，各方开始探索新的合作模式，以适应变化的市场环境和技术趋势。例如，可以建立更加紧密的产学研联盟，共同开展研发项目和市场拓展；或者推动产学研合作向更深层次发展，实现技术、人才、资本等要素的全方位融合。这些创新性的合作模式有助于进一步提升产学研深度融合的效果和水平。

（五）国际化合作的拓展与深化

随着产学研深度融合的不断发展，国际化合作也成为了一个重要的趋势。在成熟阶段，各方开始积极参与国际科技合作与交流，与国际同行共同开展研发项目和市场拓展。这种国际化合作不仅有助于引进国际先进的技术和管理经验，提升自身的创新能力，也有助于拓展合作的空间和范围，实现更广泛的资源共享和优势互补。

（六）合作文化的深入人心

在产学研深度融合的成熟阶段，合作文化已经深入人心。各方参与者都深刻认识到合作的重要性，积极倡导和践行合作文化。这种合作文化强调信任、共享、共赢等价值观，为产学研深度融合提供了坚实的文化基础。在合作文化的熏陶下，各方参与者能够更加积极地参与合作，共同应对挑战和问题，推动合作不断向前发展。

（七）政策环境的持续优化与支持

产学研深度融合的成熟阶段还需要政策环境的持续优化与支持。政府在这一阶段继续发挥重要作用，通过制定和完善相关政策，为产学研深度融合提供更有力的保障。例如，可以加大对产学研合作项目的资金支持力度，提高税收优惠政策的覆盖面和力度；或者加强产学研合作平台的建设和管理，推动平台向更高水平发展。这些政策环境的优化与支持有助于为产学研深度融合创造更加良好的发展环境。

综上所述，产学研深度融合的成熟阶段是合作关系稳固、创新机制高效、合作成果显著、合作模式创新、国际化合作拓展、合作文化深入人心，以及政策环境优化的阶段。在这一阶段，产业界、学术界与科研机构之间的合作达到了新的高度，共同推动了科技创新和经济社会发展的深度融合。然而，成熟阶段并不意味着产学研深度融合的终点，而是一个新的起点。各方参与者应继续加强合作与创新，不断推动产学研深度融合向更高水平发展。

第三节　产学研深度融合的模式与机制

一、产学研深度融合的主要模式

产学研深度融合是推动科技创新、产业升级和经济社会发展的重要途径。在实践中，产学研深度融合形成了多种主要模式，这些模式各具特色，为各方参与者提供了多样化的合作方式和路径。

（一）联合研发模式

联合研发模式是产学研深度融合的一种重要形式。它是指产业界、学术界与科研机构共同投入研发资源，联合开展技术创新活动。在这种模式下，各方参与者共同确定研发目标，分工合作，共享研发成果。通过联合研发，可以充分发挥各方的优势，提高研发效率和质量，加速科技成果的转化和应用。

联合研发模式的优点在于能够集中优势资源，攻克技术难题，推动行业技术的进步。同时，它也有助于加强产学研之间的交流与合作，促进知识的传播和技术的扩散。然而，联合研发模式也存在一些挑战，如合作各方之间的利益分配、知识产权归属等问题需要妥善解决。

（二）技术转移与成果转化模式

技术转移与成果转化模式是产学研深度融合中的另一种重要形式。它是指将科研机构或高校的科技成果通过技术转移的方式，转化为实际生产力，推动产业升级和经济发展。在这种模式下，科研机构或高校负责研发和技术创新，产业界则负责技术的商业化应用和市场推广。

技术转移与成果转化模式的优点在于能够充分发挥科研机构和高校的创新优势，推动科技成果的转化和应用。同时，它也有助于提升产业界的技术水平和市场竞争力。然而，这种模式也面临着一些挑战，如技术转移过程中的风险评估、市场接受度等问题需要解决。

（三）共建产学研基地模式

共建产学研基地模式是产学研深度融合的一种创新形式。它是指产业界、学术界与科研机构共同投资建设产学研基地，为科技创新和人才培养提供平台。在这种模式下，各方参与者共同规划和管理基地，实现资源共享和优势互补。

共建产学研基地模式的优点在于能够集中各方资源，形成创新合力，推动科技创新和产业升级。同时，它也有助于加强人才培养和学术交流，提升整个行业的创新能力和竞争力。然而，共建产学研基地模式需要投入大量的资金和人力资源，且管理难度较大，需要各方参与者共同努力。

（四）产学研战略联盟模式

产学研战略联盟模式是产学研深度融合的高级形式。它是指产业界、学术界与科研机构之间建立长期稳定的战略合作关系，共同开展技术创新、人才培养和市场拓展等活动。在这种模式下，各方参与者通过签订合作协议、共同制定发展规划等方式，实现资源的共享和风险的共担。

产学研战略联盟模式的优点在于能够形成紧密的合作关系，实现资源的优化配置和风险的共同承担。同时，它也有助于提升整个行业的创新能力和市场竞争力，推动产业升级和经济发展。然而，产学研战略联盟模式的建立和维护需要各方参与者之间的信任和沟通，需要付出长期的努力。

（五）产学研用一体化模式

产学研用一体化模式是产学研深度融合的一种综合形式。它强调将产业界、学术界、科研机构、最终用户紧密联系在一起，形成一个完整的创新链和产业链。在这种模式下，各方参与者共同参与到技术创新、产品开发、市场推广等各个环节中，实现技术创新与市场需求的无缝对接。

产学研用一体化模式的优点在于能够打通创新链和产业链，实现科技创新与市场需求的有效对接。它有助于提升产品的市场竞争力和附加值，推动产业升级和经济发展。同时，这种模式也有助于加强产学研用各方之间的沟通与协作，形成紧密的合作关系。然而，实现产学研用一体化需要各方参与者之间的深度合作和协调，需要克服技术、市场、政策等多方面的挑战。

（六）国际化合作模式

随着全球化的深入发展，国际化合作成为产学研深度融合的重要趋势。国际化合作模式是指产学研各方跨越国界，与国际上的合作伙伴共同开展科技创新和成果转化等活动。在这种模式下，各方参与者可以借鉴国际先进经验和技术，拓展国际市场和资源，提升整体创新能力和竞争力。

国际化合作模式的优点在于能够拓宽合作范围和资源渠道，提升整体创新水平。同时，它也有助于推动产学研深度融合的国际化发展，提升我国在全球科技创新体系中的地位和影响力。然而，国际化合作也面临着文化差异、政策差异、知识产权保护等挑战，需要各方参与者加强沟通与协调，共同应对。

综上所述，产学研深度融合的主要模式包括联合研发模式、技术转移与成果转化模式、共建产学研基地模式、产学研战略联盟模式、产学研用一体化模式以及国际化合作模式。这些模式各具特色，为产学研深度融合提供了多样化的路径和选择。在实践中，各方参与者可以根据自身需求和条件选择合适的模式进行合作，共同推动科技创新和产业升级的发展。

二、产学研深度融合的运行机制

产学研深度融合的运行机制是指产业界、学术界与科研机构在合作过程中，通过一系列制度安排、政策引导、资源配置和互动方式，实现技术创新、知识共享和经济发展的有效结合。这种机制是产学研深度融合得以顺利进行的重要保障，对于推动科技创新和产业升级具有重要意义。

（一）政策引导与激励机制

政策引导与激励机制是产学研深度融合运行机制的核心。政府通过制定相关政策，为产学研合作提供支持和引导，激发各方参与合作的积极性和创造力。这些政策包括财政资金支持、税收优惠、项目扶持等，旨在降低合作成本，提高合作效益。同时，政府还通过建立激励机制，如设立产学研合作奖励、成果转化奖励等，鼓励产学研各方积极参与合作，推动创新成果的转化和应用。

（二）资源配置与共享机制

资源配置与共享机制是产学研深度融合得以顺利进行的基础。在合作过程中，各方参与者根据自身优势和需求，通过协商和谈判，实现资源的优化配置和共享。这包括资金、人才、技术、设备等各方面的资源。通过资源共享，可以降低合作成本，提高资源利用效率，推动科技创新的快速发展。同时，资源配置与共享机制还有助于加强产学研之间的紧密联系，形成稳定的合作关系。

（三）技术创新与转化机制

技术创新与转化机制是产学研深度融合的核心内容。在合作过程中，产业界、学术界与科研机构共同投入研发资源，开展技术创新活动。通过联合研发、技术转移等方式，将创新成果转化为实际生产力，推动产业升级和经济发展。同时，技术创新与转化机制还包括技术成果的评估、推广和应用等环节，确保创新成果能够得到有效利用和产生实际效益。

（四）人才培养与交流机制

人才培养与交流机制是产学研深度融合的重要支撑。通过合作，产业界、学术界与科研机构可以共同培养高素质的创新人才，推动人才在产学研之间的流动和交流。这种机制有助于打破人才壁垒，实现人才的优化配置和共享使用。同时，人才培养与交流机制还有助于加强产学研之间的沟通与协作，促进知识的传播和技术的扩散。

（五）合作管理与协调机制

合作管理与协调机制是产学研深度融合得以有效运行的关键。在合作过程中，各方参与者需要建立有效的管理与协调机制，确保合作的顺利进行。这包括合作协议的制定与执行、合作进度的监控与评估、合作风险的防范与应对等方面。通过合作管理与协调机制，可以加强产学研之间的沟通与协作，解决合作中出现的问题和矛盾，推动合作的深入发展。

（六）成果评价与反馈机制

成果评价与反馈机制是产学研深度融合运行机制的重要环节。通过对合作成果的评价和反馈，可以了解合作的效果和存在的问题，为今后的合作提供经验和借鉴。这种机制有助于促进产学研合作的持续改进和优化，提高合作的质量和效益。同时，成果评价与反馈机制还有助于加强产学研之间的信任和合作意愿，推动合作关系的长期稳定发展。

（七）市场导向与需求牵引机制

市场导向与需求牵引机制是产学研深度融合运行机制的重要驱动力。在合作过程中，各方参与者应紧密关注市场动态和用户需求，以市场需求为导向，推动科技创新和产业升级。通过深入了解市场需求，产学研合作可以更加精准地定位研发方向和技术创新点，提高创新成果的实用性和市场竞争力。同时，市场导向与需求牵引机制还有助于加强产学研之间的合作紧密性和协同性，形成共同推动产业发展的强大合力。

综上所述，产学研深度融合的运行机制包括政策引导与激励机制、资源配置与共享机制、技术创新与转化机制、人才培养与交流机制、合作管理与协调机制、成果评价与反馈机制以及市场导向与需求牵引机制等多个方面。这些机制相互关联、相互作用，共同构成了产学研深度融合的完整体系。在实践中，各方参与者应根据自身需求和条件，建立健全这些机制，推动产学研深度融合的深入发展，为科技创新和产业升级提供有力支撑。

三、产学研深度融合的效益评估

产学研深度融合作为推动科技创新和产业升级的重要途径，其效益评估是衡量合作效果、优化合作模式、提升合作水平的关键环节。通过对产学研深度融合的效益进行全面、客观的评估，可以深入了解合作的实际成果和影响，为未来的合作提供有益的经验和借鉴。

（一）经济效益评估

经济效益是产学研深度融合最直接、最显著的效益之一。通过合作，产业界可以获得先进的技术支持和创新成果，提升产品竞争力和市场占有率，进而实现经济效益的增长。同时，学术界和科研机构也可以通过技术转让、成果转化等方式获得经济回报，促进科研活动的可持续发展。此外，产学研深度融合还可以带动相关产业链的发展，形成产业集群和规模效应，进一步推动区域经济的增长。

在评估经济效益时，可以采用定性和定量相结合的方法。定性评估主要关注合作带来的市场机遇、产业升级等方面的变化；定量评估则可以通过对比合作前后的经济数据，如销售额、利润、市场份额等指标，来量化经济效益的大小。

（二）技术创新效益评估

技术创新是产学研深度融合的核心目标之一。通过合作，产业界可以获得最新的科研成果和技术支持，提升技术创新能力和水平；学术界和科研机构则可以深入了解市场需求和产业趋势，推动科研成果的转化和应用。这种深度的融合有助于打破技术壁垒，加速技术创新的进程，推动整个行业的技术进步。

在评估技术创新效益时，可以关注合作带来的新技术、新产品、新工艺等方面的突破，以及这些突破对产业升级和市场竞争力的影响。同时，还可以通过专利申请、技术转移等指标来衡量技术创新的实际成果。

（三）人才培养效益评估

人才培养是产学研深度融合的重要任务之一。通过合作，产业界可以获得高素质的创新人才，提升企业的核心竞争力；学术界和科研机构则可以培养具有实践经验和创新能力的优秀人才，为科研活动提供源源不断的动力。这种合作方式有助于打破人才壁垒，实现人才的优化配置和共享使用。

在评估人才培养效益时，可以关注合作培养的人才数量、质量以及他们在产业界和学术界的贡献。同时，还可以通过调查问卷、访谈等方式了解合作各方对人才培养效果的满意度和反馈意见。

（四）社会效益评估

除了经济效益和技术创新效益外，产学研深度融合还具有重要的社会效益。通过合作，可以推动科技创新成果的普及和应用，提高社会生产力和生活水平；同时，合作还可以加强产学研之间的沟通与协作，促进知识的传播和技术的扩散，推动整个社会的科技进步和文化繁荣。

在评估社会效益时，可以关注合作带来的社会影响、公共利益等方面的变化。例如，合作是否推动了相关产业的发展、是否提高了人们的生活质量、是否促进了社会的和谐稳定等，这些方面的评估有助于全面了解产学研深度融合在社会层面的贡献和价值。

（五）评估方法与挑战

在产学研深度融合的效益评估中，需要采用科学、合理的方法。常用的评估方法包括问卷调查、访谈、案例研究、数据分析等。这些方法可以相互补充，从不同角度揭示合作效益的全貌。然而，评估过程也面临一些挑战，如数据收集的困难、评估标准的多样性、评估结果的客观性等问题。为了克服这些挑战，需要建立完善的评估体系，明确评估目标和标准，加强数据管理和分析，确保评估结果的准确性和可靠性。

第四节　产学研深度融合在文创领域的应用

一、文创领域产学研深度融合的现状

文创领域，作为文化产业的重要组成部分，近年来呈现出蓬勃发展的态势。在这一背景下，产学研深度融合成为了推动文创产业创新发展的关键途径。产学研深度融合旨在通过产业界、学术界与科研机构的紧密合作，实现资源共享、优势互补，推动文创产业的创新发展。

（一）政策引导与产学研合作机制建设

政府在推动文创领域产学研深度融合方面发挥了重要作用。通过制定相关政策，政府为产学研合作提供了有力的支持和引导。这些政策涵盖了财政支持、税收优惠、项目扶持等多个方面，为产学研合作创造了良好的环境。同时，政府还积极推动产学研合作机制的建设，通过搭建合作平台、建立合作机制等方式，促进产业界、学术界与科研机构之间的紧密合作。

在政策的引导下，文创领域的产学研合作逐渐增多，合作形式也日益多样化。一些高校和研究机构纷纷设立文创研究中心或实验室，与企业开展深度合作，共同研发文创产品和技术。同时，一些文创企业也积极寻求与高校和研究机构的合作，以获取技术支持和人才资源。这些合作不仅推动了文创产业的创新发展，也加强了产学研之间的紧密联系。

（二）资源共享与优势互补

文创领域产学研深度融合的核心在于资源共享和优势互补。通过合作，

产业界可以获得学术界和科研机构的技术支持和创新成果，提升产品的创意性和附加值；学术界和科研机构则可以获得企业的市场信息和产业资源，推动科研成果的转化和应用。这种资源共享和优势互补的模式有助于打破行业壁垒，推动文创产业的创新发展。

在实际合作中，各方积极参与资源共享和优势互补。企业为学术界和科研机构提供市场需求、产品反馈等信息，帮助其更好地了解市场动态和用户需求；同时，企业也积极利用学术界和科研机构的技术成果和人才资源，提升自身的研发能力和产品质量。学术界和科研机构则为企业提供技术支持和创新思路，推动企业的技术创新和产品升级。

（三）技术创新与成果转化

技术创新是文创领域产学研深度融合的重要驱动力。通过合作，产业界、学术界与科研机构可以共同开展技术研发和创新活动，推动文创产业的技术进步和产业升级。同时，合作还可以促进技术成果的转化和应用，将创新成果转化为实际生产力，推动文创产业的快速发展。

在技术创新方面，文创领域的产学研合作取得了显著成果。一些合作项目成功研发出了具有创新性和实用性的文创产品和技术，为文创产业的发展注入了新的活力。同时，这些合作还推动了文创产业的技术进步和产业升级，提升了整个行业的竞争力。

在成果转化方面，产学研合作也发挥了重要作用。通过合作，一些创新成果得以顺利转化为实际生产力，为文创企业带来了经济效益和社会效益。同时，合作还促进了技术成果的推广和应用，推动了文创产业的快速发展。

（四）人才培养与交流

人才培养与交流是文创领域产学研深度融合的重要支撑。通过合作，产业界、学术界与科研机构可以共同培养高素质的文创人才，推动人才的优化配置和共享使用。同时，合作还可以加强人才之间的交流与合作，促进知识的传播和技术的扩散。

在人才培养方面，一些高校和研究机构与企业合作开设文创相关专业和课程，共同培养具有创新精神和实践能力的文创人才。同时，一些企业也积极与高校和研究机构合作开展实习实训、项目合作等活动，为学生提供实践机会和职业发展平台。

在人才交流方面，产学研合作也取得了积极成果。通过举办学术研讨会、技术交流会等活动，产业界、学术界与科研机构之间的人员得以深入交流和合作。这些交流不仅有助于推动文创产业的创新发展，也加强了各方之间的合作与联系。

（五）挑战与展望

尽管文创领域产学研深度融合取得了一定的成果，但仍面临一些挑战和问题。首先，合作机制仍需进一步完善和优化，以提高合作效率和质量。其次，资源共享和优势互补的过程中可能存在信息不对称和利益分配不均等问题，需要加强合作各方的沟通和协调。此外，文创领域的技术创新和成果转化仍面临一定的风险和不确定性，需要加大投入和加强风险管理。

展望未来，文创领域产学研深度融合将继续发挥重要作用。随着科技的不断进步和市场的不断变化，文创产业将面临更多的机遇和挑战。因此，需要进一步加强产学研合作机制的建设和完善，推动各方之间的深度合作和紧密联系。同时，还需要加强技术创新和成果转化力度，推动文创产业的持续发展和创新升级。

综上所述，文创领域产学研深度融合的现状呈现出积极的发展态势。在政策引导、资源共享、技术创新和人才培养等方面取得了显著成果。然而，仍面临一些挑战和问题需要解决。未来，应继续加强产学研合作机制的建设和完善，推动文创产业的创新发展和升级。

二、文创领域产学研深度融合的发展趋势

文创领域作为文化产业的重要组成部分，近年来呈现出蓬勃发展的态势。

在这一背景下，产学研深度融合成为推动文创产业创新发展的关键力量。随着科技的进步、市场的变革以及政策环境的优化，文创领域产学研深度融合正呈现出一些明显的发展趋势。

（一）技术驱动的深度融合

随着信息技术的快速发展，文创领域产学研深度融合正逐渐由传统的合作模式向技术驱动型合作模式转变。这种转变主要体现在两个方面：一是利用大数据、云计算、人工智能等先进技术，实现文创产品创意、设计、生产、营销等环节的智能化和精准化；二是通过技术手段搭建产学研合作平台，实现资源共享、信息互通和协同创新。

在技术驱动的深度融合趋势下，文创领域的产学研合作将更加紧密和高效。高校和研究机构将利用技术优势，为文创企业提供创新思路和技术支持；企业则可以通过合作获取最新的技术成果和人才资源，推动产品的升级换代和市场拓展。

（二）跨界融合的拓展

文创领域的产学研深度融合正逐渐打破行业壁垒，实现跨界融合。这种跨界融合不仅体现在文创产业与其他产业的融合，如旅游、教育、科技等，还体现在不同学科之间的交叉融合，如艺术、设计、计算机等。

跨界融合的拓展将为文创领域产学研深度融合带来新的机遇和挑战。一方面，通过跨界融合，文创产业可以获取更多的创新资源和市场机会，推动产业的升级和转型；另一方面，跨界融合也对产学研合作提出了更高的要求，需要各方具备更强的创新意识和跨界合作能力。

（三）产学研一体化发展

随着文创领域产学研深度融合的深入推进，产学研一体化发展的趋势日益明显。这种一体化发展主要体现在两个方面：一是产学研合作形式的多样化，包括共建实验室、联合研发、人才培养等；二是产学研合作内容的全面化，涵盖技术创新、产品开发、市场推广等各个环节。

产学研一体化发展有助于实现资源的优化配置和共享使用，提高合作效率和质量。同时，通过一体化发展，产学研各方可以形成紧密的利益共同体，共同推动文创产业的创新发展和市场竞争力的提升。

（四）国际化合作的加强

在全球化的背景下，文创领域产学研深度融合的国际化合作趋势日益明显。这种国际化合作主要体现在两个方面：一是引进国外先进的文创理念和技术成果，推动国内文创产业的创新升级；二是加强与国际文创市场的交流合作，拓展国内文创产品的国际影响力。

国际化合作的加强将有助于提升国内文创产业的国际竞争力，推动文创产业的国际化发展。同时，通过国际化合作，国内文创企业也可以学习借鉴国外的成功经验和管理模式，提高自身的创新能力和管理水平。

（五）政策环境的持续优化

政府在推动文创领域产学研深度融合方面发挥着重要作用。未来，随着政策环境的持续优化，文创领域产学研深度融合将迎来更多的发展机遇。政府将继续出台相关政策，加大对文创产业的扶持力度，为产学研合作提供更好的政策保障和资金支持。同时，政府还将加强产学研合作机制的建设和完善，推动各方之间的深度合作和紧密联系。

（六）人才培养模式的创新

文创领域产学研深度融合的发展需要大量具备创新精神和跨界合作能力的人才支持。因此，未来文创领域将更加注重人才培养模式的创新。高校和研究机构将加强与企业的合作，共同培养具备实践经验和创新能力的文创人才。同时，企业也将积极参与人才培养过程，提供实习实训和职业发展机会，吸引更多优秀人才加入文创产业。

（七）市场化运作的深化

随着文创领域产学研深度融合的深入推进，市场化运作将成为合作的重要方向。未来，文创领域的产学研合作将更加注重市场需求和经济效益，通过市场化运作实现资源的优化配置和利益的最大化。合作各方将积极寻求市场化合作模式和机制，推动文创产品的市场化推广和商业化运营。

综上所述，文创领域产学研深度融合的发展趋势呈现出技术驱动、跨界融合、一体化发展、国际化合作、政策环境优化、人才培养模式创新和市场化运作深化等特点。这些趋势将为文创产业的创新发展提供强大的动力和支撑，推动文创产业在全球化背景下实现更高质量的发展。同时，也需要产学研各方加强合作与沟通，共同应对挑战和机遇，推动文创领域产学研深度融合的深入发展。

第二章　旅游文创产品概述

第一节　旅游文创产品的定义与分类

一、旅游文创产品的定义

旅游文创产品，作为旅游产业与文化产业深度融合的产物，近年来备受关注。它不仅承载着旅游目的地的文化精髓，更是旅游者与目的地文化互动的重要媒介。在旅游消费日益升级的今天，旅游文创产品以其独特的文化内涵和创意设计，成为了旅游市场的新宠。

（一）旅游文创产品的基本构成

旅游文创产品，顾名思义，是旅游与文化创意产业相结合的产物。它通常包括旅游纪念品、工艺品、艺术品等具有地域特色和文化内涵的实物产品，以及基于旅游目的地文化元素开发的创意设计、数字内容等非物质文化产品。这些产品通过独特的设计和制作，将旅游目的地的历史、文化、风土人情等元素融入其中，使游客在旅游过程中能够深入了解并体验当地的文化魅力。

（二）旅游文创产品的文化价值

旅游文创产品的核心在于其文化价值。它不仅是一件商品，更是一种文化的传承和表达。通过旅游文创产品，游客可以更加直观地感受到旅游目的地的文化特色和历史底蕴，从而加深对当地文化的理解和认同。同时，旅游文创产品也是旅游目的地文化形象的重要载体，它能够在游客心中留下深刻的印象，提升旅游目的地的知名度和美誉度。

（三）旅游文创产品的创意设计

创意设计是旅游文创产品的灵魂。它要求设计师在深入了解旅游目的地文化的基础上，通过独特的创意和表现手法，将文化元素转化为具有吸引力的产品。好的旅游文创产品不仅要在外观上美观大方，更要在内涵上富有深意，能够引发游客的共鸣和思考。因此，旅游文创产品的创意设计需要注重文化内涵与创意表达的平衡，既要体现地域特色，又要符合现代审美需求。

（四）旅游文创产品的市场定位

旅游文创产品的市场定位也是其定义中不可或缺的一部分。由于旅游市场的多元化和个性化需求，旅游文创产品需要针对不同游客群体进行精准定位。例如，针对年轻游客群体，可以开发具有时尚元素和互动性的旅游文创产品；针对家庭游客群体，则可以设计亲子互动、寓教于乐的文创产品。通过精准的市场定位，旅游文创产品能够更好地满足游客的个性化需求，提高市场竞争力。

（五）旅游文创产品的产业价值

旅游文创产品不仅具有文化价值和市场价值，还具有重要的产业价值。它能够促进旅游产业与文化创意产业的深度融合，推动相关产业链的发展和完善。通过开发旅游文创产品，可以带动旅游目的地相关产业的协同发展，形成产业集群效应，提升整个旅游产业的附加值和竞争力。同时，旅游文创产品还能够创造更多的就业机会，促进当地经济的繁荣和发展。

（六）旅游文创产品的未来发展趋势

随着旅游产业的不断发展和升级，旅游文创产品也呈现出一些新的发展趋势。首先，数字化、智能化等新技术将为旅游文创产品的设计和制作提供更多可能性，推动产品形态和功能的创新。其次，个性化、定制化等消费趋势将使得旅游文创产品更加注重满足游客的个性化需求，提供更加丰富的选择。最后，环保、可持续等理念也将逐渐融入旅游文创产品的设计和制作中，推动产业的绿色发展。

综上所述，旅游文创产品作为旅游产业与文化产业深度融合的产物，具有丰富的文化内涵和创意价值。它不仅能够提升旅游目的地的知名度和美誉度，还能够促进相关产业的发展和繁荣。未来，随着新技术和新理念的不断涌现，旅游文创产品将呈现出更加多样化和个性化的特点，为旅游产业的发展注入新的活力。因此，我们应该更加重视旅游文创产品的开发和推广，充分发挥其在旅游产业发展中的重要作用。

二、旅游文创产品的分类

旅游文创产品，作为旅游与文化创意产业深度融合的产物，近年来在旅游市场上占据了越来越重要的地位。它们不仅承载着旅游目的地的独特文化魅力，还通过创意设计、实用功能等方式，吸引着越来越多的游客。

（一）按功能属性分类

1. 纪念品类

纪念品是旅游文创产品中最常见的一类，它们以旅游目的地的标志性景点、特色文化元素或历史事件为主题，通过创意设计制作成各种小物件。例如，以故宫为主题的钥匙扣、明信片，以长城为图案的 T 恤、帽子等。这类产品具有浓郁的纪念意义和收藏价值，是游客在旅游过程中购买的主要物品之一。

2. 文化艺术品类

文化艺术品是旅游文创产品中的另一大类，它们以当地的文化艺术资源为基础，通过艺术家的巧手创作出各种具有独特艺术价值的作品。这些作品可以是传统工艺品，如陶瓷、刺绣、木雕等；也可以是现代艺术品，如绘画、雕塑、装置艺术等。它们不仅展现了旅游目的地的文化特色和艺术魅力，也为游客提供了深入了解当地文化的途径。

3. 实用品类

实用品类旅游文创产品注重产品的实用性和功能性，以满足游客在旅游过程中的实际需求。例如，设计精美的地图、指南、旅游手册等，可以为游客提供便捷的旅游信息；特色餐具、茶具等，则可以让游客在品味当地美食的同时，感受当地的文化氛围。

（二）按创意来源分类

1. 传统文化类

传统文化类旅游文创产品以当地的历史文化遗产和传统文化元素为创意来源，通过现代设计手法进行再创作。这类产品往往融合了传统与现代的元素，既保留了传统文化的精髓，又符合现代审美需求。例如，以传统戏曲、民间故事为题材的文创产品，以及融入传统图案、色彩等元素的现代设计作品。

2. 地域特色类

地域特色类旅游文创产品主要依托旅游目的地的自然风光、人文景观等地域特色进行创意设计。这类产品通过独特的造型、色彩和材质，展现了当地的地域特色和风情。例如，以当地特色建筑为原型的模型、以当地自然景观为题材的摄影作品等。

3. 创意设计类

创意设计类旅游文创产品强调产品的创意性和独特性，设计师通过独特的创意和表现手法，将旅游目的地的文化元素转化为具有吸引力的产品。这类产品往往具有较高的艺术性和观赏性，能够吸引游客的眼球并引发共鸣。例如，以当地文化符号为灵感设计的创意玩具、家居饰品等。

（三）按受众群体分类

1. 儿童类

儿童类旅游文创产品主要针对儿童游客设计，注重产品的趣味性和互动性。这类产品通常以动画形象、卡通人物等为设计元素，通过色彩鲜艳、造型可爱的外观吸引儿童的注意力。同时，加入一些互动元素，如拼图、积木等，让儿童在玩耍的过程中了解当地的文化知识。

2. 青年类

青年类旅游文创产品注重产品的时尚性和个性化，以满足青年游客的审美需求。这类产品通常以简约、时尚的设计风格为主，融入当地的文化元素和符号，展现出独特的个性和品味。例如，设计独特的服装、饰品、电子产品等，都是青年游客喜爱的旅游文创产品。

3. 中老年类

中老年类旅游文创产品注重产品的实用性和文化内涵，以满足中老年游客的实际需求。这类产品通常以传统工艺、历史文化等为主题，通过精湛的工艺和深厚的文化内涵，展现出旅游目的地的历史底蕴和文化魅力。例如，传统工艺品、书法绘画作品等，都是中老年游客喜爱的旅游文创产品。

（四）按科技含量分类

1. 传统工艺类

传统工艺类旅游文创产品以传统手工艺制作为主，注重产品的手工技艺和材质选择。这类产品通常采用当地特有的材料和工艺制作而成，具有浓郁的地方特色和民族风情。例如，刺绣、陶瓷、木雕等传统工艺品，都是传统工艺类旅游文创产品的代表。

2. 科技创意类

科技创意类旅游文创产品则借助现代科技手段进行创意设计和制作。这类产品通过运用新技术、新材料和新工艺，实现了产品的创新升级和功能拓展。例如，利用 3D 打印技术制作的模型、利用 AR 技术实现的虚拟导览等，都是科技创意类旅游文创产品的典型代表。

综上所述，旅游文创产品种类繁多、形态各异，既有传统工艺品的精湛技艺和深厚内涵，又有现代创意设计的时尚感和个性化表达。它们不仅丰富了旅游市场的产品供给，也为游客提供了更加多样化和个性化的旅游体验。

随着旅游产业的不断发展和创新，相信未来旅游文创产品将呈现出更加丰富多彩的面貌。

三、旅游文创产品的特征

旅游文创产品作为旅游与文化创意产业深度融合的产物，近年来逐渐受到广大游客的青睐。它们不仅承载着旅游目的地的文化精髓，更通过独特的设计和创意，为游客带来深刻的体验。本书将从多个维度深入探讨旅游文创产品的特征，以期更好地揭示其内在价值和市场魅力。

（一）文化性

文化性是旅游文创产品最显著的特征之一。这些产品往往以旅游目的地的历史、文化、民俗等元素为设计灵感，通过巧妙的创意和表现形式，将这些文化元素转化为具有吸引力的产品。无论是蕴含深厚历史底蕴的文物复制品，还是展现当地独特民俗风情的工艺品，旅游文创产品都承载着丰富的文化内涵，使游客在欣赏和购买的同时，能够深入了解并感受当地的文化魅力。

（二）创意性

创意性是旅游文创产品的核心竞争力。这些产品通过独特的设计理念和创意构思，将传统文化与现代审美相结合，打造出别具一格的产品形态。无论是别出心裁的外观设计，还是富有创意的功能设置，旅游文创产品都展现出了强烈的创意性。这种创意性不仅吸引了游客的眼球，也激发了他们的购买欲望，使得旅游文创产品成为旅游市场上的新宠。

（三）实用性

除了文化性和创意性外，旅游文创产品还注重实用性。许多产品在设计时充分考虑了游客的实际需求，力求在美观与实用之间找到平衡。例如，一些旅游文创产品既具有纪念意义，又具备实际使用功能，如特色餐具、茶具、服饰等。这种实用性的设计使得旅游文创产品更加贴近游客的生活，也增加了产品的市场价值。

（四）独特性

旅游文创产品的独特性是其区别于其他旅游纪念品的关键所在。由于每个旅游目的地都有其独特的历史、文化和民俗背景，因此，旅游文创产品在设计时也会充分考虑到这些因素，力求展现出当地的独特魅力。这种独特性使得旅游文创产品具有高度的辨识度和吸引力，能够成为游客在旅游过程中的独特记忆。

（五）互动性

现代旅游文创产品越来越注重与游客的互动体验。通过引入 AR、VR 等先进技术，旅游文创产品能够为游客提供更加沉浸式的体验，使他们在欣赏和购买产品的过程中，能够更深入地了解当地的文化和历史。此外，一些旅游文创产品还设计有互动环节，如 DIY 制作、拼图游戏等，让游客在参与的过程中感受到乐趣和成就感。

（六）情感性

旅游文创产品往往承载着深厚的情感价值。对于游客来说，这些产品不仅是旅游过程中的纪念品，更是他们对旅行经历的回忆和情感的寄托。因此，旅游文创产品在设计时也会充分考虑到游客的情感需求，通过独特的设计和表达方式，引发游客的共鸣和情感共鸣。

（七）市场性

旅游文创产品作为商品，其市场性也是不可忽视的特征之一。这些产品在设计和生产时，需要充分考虑市场需求和消费者偏好，以确保产品的市场竞争力和销售前景。同时，旅游文创产品还需要关注价格定位、销售渠道等方面的问题，以实现商业价值的最大化。

综上所述，旅游文创产品具有文化性、创意性、实用性、独特性、互动性、情感性和市场性等多重特征。这些特征共同构成了旅游文创产品的独特魅力和市场价值，使得它们能够在旅游市场上脱颖而出，成为游客喜爱的旅游纪念品和文化载体。随着旅游产业的不断发展和创新，相信未来旅游文创产品将呈现出更加丰富多彩的面貌，为游客带来更加美好的旅游体验。

第二节　旅游文创产品的价值与功能

一、旅游文创产品的文化价值

旅游文创产品，作为旅游与文化创意产业结合的产物，近年来，在旅游市场中逐渐占据了一席之地。它们不仅是简单的商品，更是文化的载体和传承者。每一件旅游文创产品都蕴含着深厚的文化内涵，能够激发游客的文化兴趣，传递地域文化的精髓。

（一）传承与弘扬地域文化

旅游文创产品通过深入挖掘和提炼地域文化的精髓，将其以独特的形式呈现出来，从而实现对地域文化的传承与弘扬。这些产品往往以当地的历史、民俗、艺术等元素为设计灵感，通过巧妙的创意和表现形式，将地域文化的魅力展现得淋漓尽致。游客在欣赏和购买这些产品的同时，也能够深入了解当地的文化特色，从而加深对地域文化的认识和理解。

（二）促进文化交流与互鉴

旅游文创产品作为文化交流的媒介，能够打破地域和文化的隔阂，促进不同文化之间的交流与互鉴。在全球化的大背景下，人们的文化视野日益开阔，对于不同文化的兴趣和好奇心也在不断增加。旅游文创产品以其独特的文化元素和创意设计，吸引了来自世界各地的游客。通过购买和使用这些产品，游客们能够感受到不同文化的魅力，增进对不同文化的理解和尊重，从而推动文化的多元发展和共同繁荣。

（三）提升旅游目的地的文化形象

旅游文创产品作为旅游目的地的文化名片，能够提升目的地的文化形象，增强游客对目的地的认同感和归属感。通过设计富有地域特色的文创产品，可以将目的地的文化魅力展现给游客，使他们在游览过程中感受到浓厚的文化氛围。这些产品不仅能够吸引游客的眼球，还能够激发他们的购买欲望，从而带动旅游经济的发展。同时，优质的旅游文创产品还能够提升游客对目的地的整体评价，为旅游目的地的口碑传播和形象塑造起到积极的推动作用。

（四）推动文化创意产业的发展

旅游文创产品的开发与推广，能够推动文化创意产业的发展，为文化产业注入新的活力和动力。文创产业作为新兴的文化业态，具有高度的创意性和附加值，对于促进文化产业的升级和转型具有重要意义。在旅游文创产品的开发过程中，需要深入挖掘地域文化的内涵，结合现代设计理念和科技手段，创造出具有独特性和竞争力的产品。这不仅能够满足游客的多元化需求，还能够推动文化产业与旅游产业的深度融合，实现互利共赢。

（五）增强文化自信与认同感

旅游文创产品作为文化的载体，能够激发人们的文化自信和认同感。在全球化的背景下，文化的多样性和差异性日益凸显，人们对于自身文化的认同感和自豪感也在不断增强。旅游文创产品通过展现地域文化的独特性和魅力，能够唤起人们对于自身文化的记忆和认同，从而增强文化自信。同时，这些产品还能够激发人们对于传统文化的兴趣和热爱，推动传统文化的传承和发展。

（六）丰富旅游体验与内涵

旅游文创产品以其独特的文化内涵和创意设计，能够丰富游客的旅游体验，提升旅游活动的内涵和品质。在旅游过程中，游客不仅可以通过参观景点、品尝美食等方式感受当地的自然风光和人文气息，还可以通过购买和使用旅游文创产品，深入了解当地的文化特色和历史底蕴。这些产品能够成为游客旅游记忆的载体，让他们在日后回忆起这段旅程时，能够重温那份独特的文化体验。

综上所述，旅游文创产品具有丰富的文化价值，在旅游与文化交流中发挥着不可替代的作用。它们通过传承与弘扬地域文化、促进文化交流与互鉴、提升旅游目的地的文化形象、推动文化创意产业的发展、增强文化自信与认同感以及丰富旅游体验与内涵等方式，为旅游产业的可持续发展注入了新的活力和动力。因此，我们应该更加重视旅游文创产品的开发与推广，充分发挥其在文化传承与发展中的重要作用。同时，也需要不断创新和完善旅游文创产品的设计理念和制作技术，以满足游客日益增长的文化需求，推动旅游与文化产业的共同繁荣。

二、旅游文创产品的经济价值

旅游文创产品，作为旅游与文化创意产业相结合的重要产物，近年来在旅游市场中异军突起，成为了推动旅游经济发展的新动力。这些产品不仅具有丰富的文化内涵，还具备显著的经济价值，对于促进旅游业的发展、提升旅游目的地的经济收益、推动相关产业的融合发展等都具有重要作用。

（一）促进旅游消费增长

旅游文创产品作为旅游购物的重要组成部分，能够直接促进旅游消费的增长。游客在旅游过程中，除了欣赏风景、体验文化外，购买具有地域特色的文创产品也是他们旅行体验的重要组成部分。这些产品往往设计独特、文化内涵丰富，能够吸引游客的眼球，激发他们的购买欲望。因此，优质的旅游文创产品能够有效促进旅游消费的增长，为旅游目的地带来可观的经济收益。

（二）提升旅游目的地品牌形象

旅游文创产品作为旅游目的地的文化名片，能够提升目的地的品牌形象和知名度。通过设计富有地域特色的文创产品，可以将目的地的文化魅力展现给游客，使他们在游览过程中感受到浓厚的文化氛围。这些产品不仅能够吸引游客的关注，还能够通过游客的口碑传播和社交媒体分享等方式，进一步扩大目的地的知名度和影响力。一个具有独特文化魅力的旅游目的地，往往能够吸引更多的游客前来旅游，从而带动当地经济的发展。

（三）推动文化创意产业的发展

旅游文创产品的开发与推广，能够推动文化创意产业的发展，为文化产业注入新的活力。文创产业作为新兴的文化业态，具有高度的创意性和附加值，对于促进文化产业的升级和转型具有重要意义。在旅游文创产品的开发过程中，需要深入挖掘地域文化的内涵，结合现代设计理念和科技手段，创造出具有独特性和竞争力的产品。这不仅能够满足游客的多元化需求，还能够推动文化产业与旅游产业的深度融合，实现互利共赢。

（四）带动相关产业的发展

旅游文创产品的经济价值还体现在其对相关产业的带动作用上。文创产品的生产涉及设计、制造、销售等多个环节，这些环节的发展能够带动相关产业的发展，形成产业链的协同效应。例如，设计环节需要专业的设计师和创意人才，制造环节需要原材料供应商和生产厂家，销售环节则需要零售商和电商平台等。这些产业的发展不仅能够为当地创造更多的就业机会，还能够推动相关产业的技术进步和创新。

（五）增加旅游目的地的经济收益

旅游文创产品的经济价值最终体现在对旅游目的地经济收益的贡献上。通过销售文创产品，旅游目的地能够获得可观的收入，这些收入可以用于改善旅游设施、提升服务质量、加强文化保护等方面，进一步推动旅游业的可持续发展。同时，文创产品的销售还能够带动其他旅游消费的增长，如餐饮、住宿、交通等，从而形成一个良性的经济循环。

（六）促进文化资源的保护和传承

旅游文创产品的经济价值还在于其对文化资源的保护和传承作用。在开发文创产品的过程中，需要对地域文化进行深入挖掘和整理，这有助于保护和传承当地的非物质文化遗产和传统文化。通过将这些文化资源转化为文创产品，不仅能够让它们得到更好的保护和传承，还能够让更多的人了解和认识这些文化资源，从而推动文化的传播和交流。

然而，要充分发挥旅游文创产品的经济价值，还需要注意以下几点：首先，要注重产品的质量和创意性，确保产品能够吸引游客的眼球并满足他们的需求；其次，要加强品牌建设和市场推广，提升产品的知名度和影响力；最后，要关注市场动态和游客需求的变化，及时调整产品设计和销售策略，以适应市场的变化和发展。

综上所述，旅游文创产品具有丰富的经济价值，对于促进旅游业的发展、提升旅游目的地的经济收益、推动相关产业的融合发展等方面都具有重要作用。因此，我们应该充分重视旅游文创产品的开发与推广，通过不断创新和完善产品设计和营销策略，充分发挥其在经济发展中的积极作用。同时，也需要加强文化资源的保护和传承工作，确保旅游文创产品能够在传承文化的同时实现经济价值的最大化。

三、旅游文创产品的社会功能

旅游文创产品作为旅游与文化创意产业结合的产物，不仅承载了丰富的文化内涵和经济价值，还具备多重社会功能。这些产品在满足游客购物需求的同时，也在文化传承、社会教育、文化交流、区域发展等方面发挥着积极作用。

（一）文化传承与弘扬

旅游文创产品的核心在于其文化性，它们通过独特的创意和设计，将地域文化的精髓融入其中，使游客在欣赏和购买的同时，能够深入了解并感受到当地的文化魅力。这种文化传承的方式不仅使地域文化得以延续和发展，也让更多的人有机会接触和了解这些文化。通过旅游文创产品，传统文化得以在现代社会中焕发出新的活力，进一步弘扬了民族文化的精髓。

（二）社会教育与文化普及

旅游文创产品作为文化的载体，具有社会教育和文化普及的功能。这些产品通过生动形象的图案、文字和故事，向游客传递着丰富的历史文化知识和民俗风情。游客在欣赏和使用这些产品的过程中，不仅能够感受到文化的魅力，还能够加深对传统文化的认识和了解。这种潜移默化的教育方式，使得文化普及更加深入人心，有助于提升整个社会的文化素养。

（三）促进文化交流与融合

旅游文创产品作为文化交流的媒介，能够促进不同文化之间的交流与融合。在全球化的大背景下，人们的文化视野日益开阔，对于不同文化的兴趣和好奇心也在不断增加。旅游文创产品以其独特的文化元素和创意设计，吸引了来自世界各地的游客。通过购买和使用这些产品，游客们能够感受到不同文化的魅力，增进对不同文化的理解和尊重。这种文化交流与融合的过程，有助于推动文化的多样性和包容性发展，促进世界的和平与繁荣。

（四）推动区域经济发展与就业增长

旅游文创产品的开发与推广，对于推动区域经济发展和就业增长具有重要作用。首先，这些产品的生产和销售能够带动相关产业的发展，如设计、制造、销售等，形成产业链的协同效应。这不仅有助于提升当地的经济实力和综合竞争力，还能够为当地居民提供更多的就业机会和收入来源。其次，旅游文创产品的推广能够吸引更多的游客前来旅游，进一步推动旅游业的发展。游客的增加将带动餐饮、住宿、交通等相关产业的发展，为当地经济注入新的活力。

（五）提升旅游目的地的品牌形象与知名度

旅游文创产品作为旅游目的地的文化名片，能够提升目的地的品牌形象和知名度。通过设计富有地域特色的文创产品，可以将目的地的文化魅力展现给游客，使他们在游览过程中感受到浓厚的文化氛围。这些产品不仅能够吸引游客的关注，还能够通过游客的口碑传播和社交媒体分享等方式，进一步扩大目的地的知名度和影响力。一个具有独特文化魅力的旅游目的地，往往能够吸引更多的游客前来旅游，从而推动当地经济的发展。

（六）增强社会凝聚力与文化认同感

旅游文创产品通过展现地域文化的独特性和魅力，能够唤起人们对于自身文化的记忆和认同，从而增强社会凝聚力和文化认同感。在全球化的背景下，文化的多样性和差异性日益凸显，人们对于自身文化的认同感和自豪感也在不断增强。旅游文创产品作为文化的载体，能够激发人们的文化自信心和归属感，促进社会的和谐与稳定。

然而，要充分发挥旅游文创产品的社会功能，还需要注意以下几点：首先，要确保产品的文化性和创意性，避免过度商业化和同质化；其次，要加强市场监管和质量管理，确保产品的质量和安全性；最后，要注重产品的宣传和推广，提高其在市场上的知名度和影响力。

综上所述，旅游文创产品具有多重社会功能，在文化传承、社会教育、文化交流、区域发展等方面发挥着积极作用。我们应该充分重视旅游文创产品的开发与推广，通过不断创新和完善产品设计和营销策略，充分发挥其在社会发展中的重要作用。同时，也需要关注产品的文化性和社会价值，确保其能够真正服务于社会发展和文化传承。

第三节　旅游文创产品的发展现状与挑战

一、旅游文创产品的发展现状

随着全球旅游业的蓬勃发展和文化创意产业的兴起，旅游文创产品作为两者结合的产物，逐渐展现出其独特的魅力和广阔的市场前景。近年来，旅游文创产品的发展呈现出多样化、个性化、创新化等趋势，成为推动旅游业和文化创意产业发展的重要力量。

（一）产品多样化与个性化趋势明显

旅游文创产品的发展首先体现在产品的多样化和个性化上。随着游客需求的不断变化和升级，旅游文创产品不再局限于传统的纪念品和工艺品，而是向更加多元、创新的方向发展。从设计到材质，从功能到文化内涵，旅游文创产品都呈现出丰富的多样性。同时，个性化定制也成为旅游文创产品的一大特色，游客可以根据自己的喜好和需求，选择适合自己的产品，使得旅游文创产品更加贴近消费者的心理。

（二）文化创意与旅游产业的深度融合

旅游文创产品的发展还体现在文化创意与旅游产业的深度融合上。越来越多的旅游目的地开始注重挖掘和整合当地的文化资源，通过创意设计将文化元素融入旅游文创产品中，使得产品不仅具有实用性，更富有文化内涵和艺术价值。这种深度融合不仅提升了旅游文创产品的附加值和市场竞争力，也为旅游目的地的文化传播和形象塑造提供了有力的支撑。

（三）品牌化、专业化发展加速

随着市场竞争的加剧和消费者需求的升级，旅游文创产品的品牌化和专业化发展也在加速。一方面，越来越多的旅游文创企业开始注重品牌建设和市场推广，通过打造具有独特性和辨识度的品牌形象，提升产品的知名度和美誉度。另一方面，旅游文创产品的设计、生产、销售等环节也呈现出专业化的趋势，企业开始注重提升产品的设计水平和生产工艺，确保产品的品质和独特性。

（四）数字化、智能化发展带来新的机遇

随着数字化和智能化技术的快速发展，旅游文创产品的发展也迎来了新的机遇。一方面，数字化技术为旅游文创产品的设计、生产和销售提供了更加便捷和高效的工具，使得产品可以更加快速地推向市场，满足消费者的需求；另一方面，智能化技术也为旅游文创产品的创新和升级提供了可能，例如通过虚拟现实、增强现实等技术，可以将文化元素以更加生动、形象的方式呈现给游客，提升游客的体验感和满意度。

（五）区域合作与跨界融合成为发展趋势

旅游文创产品的发展还呈现出区域合作和跨界融合的趋势。一方面，不同地区的旅游文创企业开始加强合作，共同挖掘和整合区域内的文化资源，打造具有地域特色的旅游文创产品，推动区域旅游业的共同发展；另一方面，旅游文创产品也开始与其他产业进行跨界融合，例如与动漫、游戏、影视等产业进行合作，共同推出具有创新性和吸引力的联名产品，拓宽旅游文创产品的市场和受众。

（六）市场潜力巨大但挑战并存

尽管旅游文创产品的发展呈现出诸多积极的趋势和广阔的市场前景，但仍然存在一些挑战和问题。首先，市场竞争激烈，企业需要不断提升产品的创意性和品质感，才能在市场中脱颖而出。其次，文化资源的挖掘和整合需要深入而系统地进行，避免产品的同质化和低端化。最后，旅游文创产品的推广和营销也需要注重策略性和创新性，以吸引更多消费者的关注和购买。

综上所述，旅游文创产品的发展现状呈现出多样化、个性化、品牌化、专业化等趋势，同时也面临着激烈的市场竞争和文化资源挖掘等挑战。未来，随着旅游业和文化创意产业的不断发展，旅游文创产品将继续发挥其独特的作用和价值，为相关产业的繁荣和发展作出更大的贡献。同时，也需要注重产品的文化内涵和创新性，提升产品的附加值和市场竞争力，以应对日益激烈的市场竞争和消费者需求的不断变化。

二、旅游文创产品面临的挑战

旅游文创产品作为旅游与文化创意产业相结合的产物，近年来在市场中逐渐崭露头角，不仅为旅游业增添了新的活力，也为消费者提供了更多富有文化内涵和创意的旅游纪念品。然而，随着市场的快速发展和竞争的加剧，旅游文创产品也面临着诸多挑战。

（一）市场竞争激烈，产品同质化严重

随着旅游文创市场的不断扩大，越来越多的企业和个人加入这一领域，市场竞争日益激烈。为了在市场中占得一席之地，一些企业往往选择模仿和抄袭已有的成功产品，导致市场上出现了大量同质化、缺乏创新的产品。这些产品往往缺乏独特性和文化内涵，难以吸引消费者的眼球，也使得整个市场陷入了低水平的竞争状态。

（二）文化挖掘不足，产品缺乏深度

旅游文创产品的核心在于其文化性，而文化的挖掘和表达是产品的灵魂所在。然而，目前市场上的一些旅游文创产品往往只是简单地将文化元素进行堆砌和拼接，缺乏对文化内涵的深入理解和挖掘。这样的产品往往显得浮于表面，缺乏深度和内涵，难以引起消费者的共鸣和认同。

（三）创新能力不足，缺乏差异化优势

创新是旅游文创产品发展的关键所在，只有不断创新才能满足消费者日

益多样化的需求。然而，目前一些旅游文创企业在创新能力方面存在不足，缺乏自主研发和设计的能力，难以推出具有差异化优势的产品。这使得企业在市场竞争中难以脱颖而出，也难以形成自己的品牌特色。

（四）知识产权保护不足，市场秩序混乱

知识产权是旅游文创产品的核心竞争力之一，然而目前市场上存在着大量侵犯知识产权的行为。一些企业或个人为了降低成本和获取利益，往往选择抄袭或模仿他人的创意和设计，这不仅损害了原创者的利益，也破坏了整个市场的秩序和公平竞争的环境。

（五）消费者需求多变，市场难以预测

旅游文创产品的消费者群体广泛且需求多变，这使得市场难以准确预测和把握消费者的需求变化。消费者的审美观念、文化偏好和消费习惯都在不断变化中，如果企业无法及时捕捉和满足这些变化，就可能导致产品滞销或市场萎缩。

（六）产品质量参差不齐，影响消费者信心

旅游文创产品的质量直接关系到消费者的购买体验和信任度。然而，目前市场上的一些旅游文创产品在质量方面存在参差不齐的问题。一些产品材质低劣、工艺粗糙，甚至存在安全隐患，这不仅损害了消费者的利益，也影响了整个行业的形象和声誉。

（七）品牌建设滞后，缺乏市场影响力

品牌是旅游文创产品赢得市场竞争的重要因素之一。然而，目前一些旅游文创企业在品牌建设方面存在滞后的问题。他们往往缺乏明确的品牌定位和市场策略，也缺乏有效的品牌推广和宣传手段。这使得这些企业在市场中缺乏知名度和影响力，难以吸引更多的消费者关注和认可。

针对以上挑战，旅游文创企业应采取以下措施应对。

第一，加强市场调研和消费者需求分析，深入了解消费者的需求和偏好，

为产品研发和设计提供有力支撑。

第二，注重文化挖掘和内涵表达，通过深入研究当地文化和历史，提取独特的文化元素，将其融入到产品中，提升产品的文化价值和内涵。

第三，加强创新能力培养，提升自主研发和设计能力，推出具有差异化优势的产品，形成自己的品牌特色。

第四，加强知识产权保护和市场监管力度，打击侵权行为，维护市场秩序和公平竞争的环境。

第五，注重产品质量和品牌建设，提升产品的品质和形象，增强消费者的信任度和忠诚度。

综上所述，旅游文创产品面临着市场竞争激烈、文化挖掘不足、创新能力不足、知识产权保护不足、消费者需求多变、产品质量参差不齐以及品牌建设滞后等多重挑战。为了应对这些挑战，企业需要加强市场调研和消费者需求分析，注重文化挖掘和内涵表达，提升创新能力，加强知识产权保护和市场监管力度，注重产品质量和品牌建设等方面的工作。只有这样，才能在激烈的市场竞争中脱颖而出，赢得消费者的青睐和市场的认可。

第四节　旅游文创产品的市场需求分析

一、旅游文创产品的市场需求现状

旅游文创产品作为旅游与文化创意产业相结合的产物，近年来逐渐受到广大消费者的青睐。随着国内旅游市场的不断扩大和消费者文化需求的日益增长，旅游文创产品的市场需求也呈现出旺盛的增长态势。

（一）消费者文化需求提升，旅游文创产品备受关注

随着国内经济的快速发展和人们生活水平的提高，消费者对文化产品的需求日益增强。旅游作为一种文化体验活动，已经成为人们休闲娱乐的重要

选择。在旅游过程中，消费者不仅关注景点的自然风光和历史文化，更希望通过购买旅游文创产品来留存和分享旅游的美好记忆。因此，具有文化内涵和创意设计的旅游文创产品备受消费者关注，市场需求不断攀升。

（二）个性化、差异化需求成为市场主流

随着消费者审美水平的提高和文化品味的个性化发展，个性化、差异化的旅游文创产品逐渐成为市场主流。消费者在选择旅游文创产品时，更加注重产品的独特性和创意性，希望通过产品展现自己的个性和品味。因此，具有独特设计、文化内涵丰富且符合消费者个性化需求的旅游文创产品更受市场欢迎。

（三）创新性和品质成为消费者选择的关键因素

在旅游文创产品市场中，创新性和品质是消费者选择产品的关键因素。消费者在购买旅游文创产品时，不仅关注产品的外观设计，更看重产品的创意性和文化内涵。同时，产品的品质也是消费者关注的重点，包括材质、工艺、安全性等方面。

（四）旅游文创产品市场呈现多元化发展趋势

随着旅游市场的不断发展和消费者需求的多样化，旅游文创产品市场也呈现出多元化的发展趋势。一方面，产品种类不断丰富，涵盖了纪念品、工艺品、服饰、家居用品等多个领域；另一方面，销售渠道也日趋多元化，包括景区商店、电商平台、社交媒体等多种渠道。这种多元化的发展趋势为消费者提供了更多选择和购买渠道，也促进了旅游文创产品市场的繁荣发展。

（五）地域文化特色成为旅游文创产品的重要卖点

地域文化特色是旅游文创产品的重要卖点之一。不同地区具有独特的历史文化、民俗风情和自然风光，这些元素为旅游文创产品的设计提供了丰富的素材和灵感。通过将地域文化元素融入产品中，旅游文创产品不仅具有独

特的文化内涵和艺术价值，还能满足消费者对地域文化的探索和体验需求。因此，具有地域文化特色的旅游文创产品更受市场欢迎，成为推动旅游文创产品市场发展的重要动力。

（六）旅游文创产品市场仍有待进一步拓展和完善

尽管旅游文创产品市场需求旺盛，但市场仍存在一些问题和挑战。一方面，部分地区的旅游文创产品同质化严重，缺乏创新和特色；另一方面，一些产品的品质和设计水平还有待提升，难以满足消费者的多元化需求。此外，旅游文创产品的推广和营销手段也需进一步加强和创新，以吸引更多消费者的关注和购买。

针对以上问题，企业和政府应共同努力推动旅游文创产品市场的进一步拓展和完善。一方面，加强文化挖掘和创意设计，推出更多具有地域特色和文化内涵的旅游文创产品；另一方面，提升产品质量和工艺水平，确保产品的安全性和实用性；同时，加强市场推广和品牌建设，提高产品的知名度和美誉度。

综上所述，旅游文创产品的市场需求现状呈现出旺盛的增长态势，个性化、差异化需求成为市场主流，创新性和品质成为消费者选择的关键因素。同时，市场也呈现出多元化发展趋势和地域文化特色的重要卖点。然而，市场仍存在一些问题和挑战，需要企业和政府共同努力推动市场的进一步拓展和完善。相信随着旅游市场的不断发展和消费者需求的不断变化，旅游文创产品市场将迎来更加广阔的发展前景。

二、旅游文创产品的市场需求趋势

随着全球旅游业的蓬勃发展及消费者对文化体验需求的不断升级，旅游文创产品作为连接文化与旅游的桥梁，其市场需求呈现出日益增长的态势。

（一）个性化与定制化需求持续增长

在旅游文创产品市场中，个性化与定制化需求已经成为不可忽视的趋势。消费者越来越注重产品的独特性和个人风格的体现，他们希望购买的旅游文创产品能够反映自己的品味和个性。因此，具有个性化设计、可定制元素的旅游文创产品将更受市场欢迎。

为了满足消费者的这一需求，旅游文创企业需要加强产品设计的创新性和个性化，提供更多可定制的选项，如个性化签名、定制图案等。同时，企业还可以通过市场调研和消费者数据分析，深入了解消费者的需求和喜好，从而推出更符合市场需求的个性化产品。

（二）文化内涵与创意性成为关键要素

旅游文创产品的核心价值在于其文化内涵和创意性。随着消费者对文化体验的需求不断提升，他们更倾向于购买那些能够展现独特文化魅力和创意设计的旅游文创产品。因此，具有丰富文化内涵和创意设计的旅游文创产品将更具市场竞争力。

为了提升产品的文化内涵和创意性，旅游文创企业需要深入挖掘当地的历史文化和民俗风情，将文化元素与创意设计相结合，打造出具有独特魅力的产品。此外，企业还可以与文化机构、设计师等合作，共同研发具有创新性和文化内涵的旅游文创产品。

（三）品质与安全性备受关注

在旅游文创产品市场中，品质与安全性是消费者最为关注的因素之一。消费者在购买旅游文创产品时，往往会对产品的材质、工艺、安全性等方面进行深入了解，以确保所购买的产品具有较高的品质保障。

因此，旅游文创企业需要注重产品品质的提升和安全性的保障。在原材料的选择上，企业应优先选择环保、安全的材质，确保产品的无毒无害；在生产工艺上，企业应严格控制生产流程，确保产品的精细度和耐用性；在质量控制上，企业应建立完善的质量检测体系，确保每一件产品都符合质量标准。

（四）跨界融合与 IP 授权成为新趋势

随着旅游文创市场的不断发展，跨界融合与 IP 授权成为新的发展趋势。

旅游文创企业可以通过与其他产业进行跨界合作，共同推出具有创新性和吸引力的联名产品，从而拓宽产品的市场和受众。同时，企业还可以通过获取知名 IP 的授权，将 IP 元素融入产品中，提升产品的知名度和美誉度。

跨界融合与 IP 授权不仅可以为旅游文创产品带来更多的创意和设计元素，还可以借助其他产业的资源和渠道优势，提升产品的市场影响力和竞争力。因此，旅游文创企业应积极探索跨界合作和 IP 授权的可能性，为产品的创新和发展注入新的动力。

（五）线上线下融合成为销售渠道新趋势

随着互联网的普及和电子商务的发展，线上线下融合已经成为旅游文创产品销售的新趋势。消费者可以通过线上平台浏览和购买旅游文创产品，享受便捷的购物体验；同时，他们也可以在线下实体店中亲身体验产品，感受产品的真实质感和文化内涵。

因此，旅游文创企业应积极探索线上线下融合的销售模式，利用线上平台扩大产品的曝光度和销售渠道；同时，在线下实体店中提供优质的购物体验和售后服务，增强消费者的购买信心和忠诚度。

（六）绿色环保与可持续发展成为重要考量

随着全球环保意识的提高，绿色环保与可持续发展已经成为旅游文创产品设计和生产的重要考量。消费者越来越倾向于购买那些采用环保材质、生产过程低碳环保的旅游文创产品。

因此，旅游文创企业在产品设计和生产过程中应注重环保理念的应用，采用环保材料和节能技术，降低产品对环境的影响。同时，企业还可以通过开展环保公益活动、推广绿色消费理念等方式，提升消费者对绿色环保和可持续发展的认识和关注度。

综上所述，旅游文创产品的市场需求趋势呈现出个性化与定制化需求增长、文化内涵与创意性成为关键要素、品质与安全性备受关注、跨界融合与 IP 授权成为新趋势、线上线下融合成为销售渠道新趋势，以及绿色环保与可持续发展成为重要考量等特点。为了应对这些趋势，旅游文创企业需要加强产品设计和创新、提升产品品质和安全性、探索跨界合作和IP授权的可能性、实现线上线下融合销售、注重环保和可持续发展等方面的工作。相信在这些努力下，旅游文创产品市场将迎来更加广阔的发展前景。

三、旅游文创产品的市场定位策略

随着旅游业的快速发展和文化创意产业的兴起，旅游文创产品作为连接文化与旅游的重要桥梁，逐渐受到广大消费者的青睐。然而，在市场竞争日益激烈的背景下，如何准确地进行市场定位，成为了旅游文创产品成功的关键。

（一）明确目标消费群体

市场定位的首要任务是明确目标消费群体。旅游文创产品的目标消费者通常是具有一定文化素养和审美水平的旅游者。因此，企业需要深入了解旅游者的需求和喜好，通过市场调研和数据分析，将目标消费群体细分为不同的群体，如年轻人、家庭游客、文化爱好者等。针对不同群体的特点，企业可以制定相应的产品设计和营销策略，以更好地满足他们的需求。

（二）挖掘地域文化特色

地域文化特色是旅游文创产品的重要卖点之一。不同地区拥有独特的历史文化、民俗风情和自然风光，这些都是旅游文创产品设计的灵感来源。企业需要深入挖掘当地的文化资源，将其融入产品设计中，打造具有地域特色的旅游文创产品。通过展现地域文化的独特魅力，产品不仅能够吸引本地消费者的关注，还能够吸引外地甚至国际游客的购买。

（三）注重产品创新与品质提升

在旅游文创产品市场中，创新和品质是赢得消费者青睐的关键。企业需要注重产品的创新设计，不断推出新颖、独特的产品，以满足消费者的个性化需求。同时，品质也是不可忽视的因素。企业需要严格把控产品的原材料、生产工艺和质量控制，确保产品的品质达到消费者的期望。通过提升产品的创新性和品质水平，企业可以在市场中树立良好的口碑，吸引更多消费者的关注和购买。

（四）建立品牌形象与差异化竞争

在激烈的市场竞争中，建立独特的品牌形象和实现差异化竞争是旅游文创产品成功的关键。企业需要塑造独特的品牌形象，通过品牌故事、视觉识别等元素，使消费者能够迅速识别和记住品牌。同时，企业还需要寻找与竞争对手的差异化点，如产品设计、文化内涵、营销策略等，以形成自己的竞争优势。通过差异化的竞争策略，企业可以在市场中脱颖而出，吸引更多消费者的关注和选择。

（五）强化营销与推广力度

营销和推广是旅游文创产品市场定位策略中不可或缺的一环。企业需要制定有效的营销策略，通过线上线下相结合的方式，提高产品的知名度和影响力。线上营销可以利用社交媒体、电商平台等渠道，进行产品展示、互动营销和口碑传播；线下营销可以通过景区合作、文化活动等方式，进行产品推广和体验营销。此外，企业还可以与旅游机构、文化机构等合作，共同推广旅游文创产品，扩大市场份额。

（六）关注市场反馈与持续改进

市场定位策略并非一成不变，企业需要时刻关注市场反馈和消费者需求的变化，对策略进行持续改进和优化。通过收集消费者的反馈意见和购买数据，企业可以了解产品的市场表现和消费者的需求变化，从而及时调整产品定位和营销策略。同时，企业还需要关注行业动态和竞争对手的情况，以便及时调整市场定位策略，保持竞争优势。

综上所述，旅游文创产品的市场定位策略需要从明确目标消费群体、挖掘地域文化特色、注重产品创新与品质提升、建立品牌形象与差异化竞争、强化营销与推广力度、关注市场反馈与持续改进等多个方面入手。通过制定科学、合理的市场定位策略，企业可以更好地满足消费者的需求，提升产品的市场竞争力，实现可持续发展。

第五节　旅游文创产品的设计原则与方法

一、旅游文创产品的设计原则

旅游文创产品作为旅游业与文化创意产业相结合的产物，其设计不仅关乎产品的美观与实用性，更承载着传承文化、展示地域特色以及满足消费者多元化需求的重要使命。在旅游文创产品的设计过程中，需要遵循一系列原则，以确保产品的独特性、创新性和市场适应性。

（一）文化性原则

文化性是旅游文创产品的核心特征，也是设计过程中必须遵循的首要原则。文化性原则要求产品在设计过程中充分融入地域文化元素，体现当地的历史传统、民俗风情和人文特色。通过深入挖掘和提炼文化精髓，将其巧妙地融入产品形态、色彩、材质等方面，使产品成为文化的载体和传承者。

在遵循文化性原则的过程中，设计师需要对当地文化进行深入研究和理解，避免简单的文化符号堆砌和形式化的表现。同时，要注重文化元素的创新运用，以现代设计手法和审美观念对其进行再创造，使其既具有文化底蕴，又符合现代审美需求。

（二）创新性原则

创新性是旅游文创产品设计的生命力所在。在激烈的市场竞争中，只有具备创新性的产品才能脱颖而出，吸引消费者的关注。创新性原则要求设计师在产品设计过程中注重创意的发挥，不断探索新的设计理念、设计手法和表现形式。

在遵循创新性原则的过程中，设计师需要关注行业发展趋势和消费者需求变化，及时捕捉新的设计灵感和创意点。同时，要注重跨界融合和多元文化的碰撞，通过不同领域的知识和技能的融合，创造出独具特色的旅游文创产品。

（三）实用性原则

实用性是旅游文创产品设计的基本要求。产品不仅需要美观大方，更要具备实际的使用价值。实用性原则要求设计师在产品设计过程中充分考虑产品的功能性和使用场景，确保产品能够满足消费者的实际需求。

在遵循实用性原则的过程中，设计师需要对目标消费群体进行深入分析，了解他们的使用习惯和喜好。同时，要注重产品的用户体验设计，通过优化产品结构、改进使用等方式，提升产品的易用性和舒适性。

（四）环保性原则

环保性是现代产品设计的重要趋势，也是旅游文创产品设计必须遵循的原则之一。环保性原则要求设计师在产品设计过程中注重环保材料的选择和环保工艺的运用，降低产品对环境的影响。

在遵循环保性原则的过程中，设计师需要关注环保材料和技术的发展动态，积极采用可再生、可降解的环保材料，减少产品在使用过程中对环境的污染。同时，要注重产品的节能设计，通过优化产品结构和使用方式，降低产品的能耗和碳排放。

（五）情感化原则

情感化原则是旅游文创产品设计中的重要方面。产品作为连接消费者与文化的桥梁，需要能够触动消费者的情感，引发共鸣。情感化原则要求设计师在产品设计过程中注重情感元素的融入，通过产品的形态、色彩、材质等方面传达出特定的情感氛围和文化内涵。

在遵循情感化原则的过程中，设计师需要深入了解消费者的情感需求和审美偏好，通过设计语言与消费者进行情感沟通。同时，要注重产品的故事性和文化寓意，使消费者在使用产品的过程中能够感受到文化的魅力和情感的共鸣。

（六）市场适应性原则

市场适应性是旅游文创产品设计成功的关键。产品需要符合市场需求，能够在激烈的市场竞争中占据一席之地。市场适应性原则要求设计师在产品设计过程中密切关注市场动态和消费者需求变化，及时调整设计策略和方向。

在遵循市场适应性原则的过程中，设计师需要进行充分的市场调研和分析，了解消费者的需求和喜好。同时，要注重产品的差异化和个性化设计，以满足不同消费者的多元化需求。此外，还需要关注产品的定价策略和销售渠道的选择，确保产品能够在市场中获得良好的销售业绩。

综上所述，旅游文创产品的设计原则涵盖了文化性、创新性、实用性、环保性、情感化和市场适应性等多个方面。这些原则相互关联、相互促进，共同构成了旅游文创产品设计的完整框架。在实际设计过程中，设计师需要根据具体的产品类型和市场需求，灵活运用这些原则，创造出既具有文化内涵又符合市场需求的旅游文创产品。

二、旅游文创产品的设计方法

旅游文创产品作为连接文化与旅游的重要纽带，其设计方法不仅关乎产品的创意与品质，更直接影响到旅游目的地的文化传承与市场吸引力。在文创产品日益丰富的今天，如何运用独特且富有创意的设计方法，打造具有地方特色和文化内涵的旅游文创产品，成为设计师们面临的重要课题。

（一）深入挖掘地域文化元素

地域文化是旅游文创产品的灵魂，设计师应深入挖掘当地的历史、民俗、传说等文化元素，将其作为设计灵感来源。通过研究地域文化的独特性，设计师能够准确把握文化的精髓，并将其融入产品设计中。例如，可以提取当地传统图案、色彩或造型元素，运用现代设计手法进行再创作，使产品既具有文化气息，又符合现代审美。

（二）注重创意与创新的结合

创意是旅游文创产品的核心竞争力，设计师应敢于突破传统束缚，尝试新的设计理念与手法。在注重创意的同时，设计师还应关注产品的创新性，通过运用新材料、新技术或新工艺，提升产品的品质与附加值。例如，可以利用 3D 打印技术制作具有立体感的文创产品，或者运用虚拟现实技术为消费者提供沉浸式的文化体验。

（三）强调实用性与美观性的统一

旅游文创产品不仅要具有文化内涵和创意性，还应注重实用性与美观性的统一。设计师应根据消费者的使用需求，设计出既实用又美观的产品。例如，可以将文化元素融入到日常用品中，如餐具、茶具、文具等，使消费者在使用产品的同时，也能感受到文化的魅力。同时，设计师还应注重产品的包装设计，通过精美的包装提升产品的附加值和吸引力。

（四）跨界融合与多元化表达

跨界融合是旅游文创产品设计的重要趋势，设计师应尝试将不同领域的知识和技能进行融合，创造出独具特色的产品。例如，可以将传统工艺与现代设计相结合，打造出具有独特风格的文创产品；或者将文化与科技相融合，为消费者提供新颖的文化体验。此外，设计师还应注重产品的多元化表达，通过不同的形式、材质和色彩，展现文化的多样性和丰富性。

（五）关注用户体验与情感共鸣

用户体验和情感共鸣是旅游文创产品设计不可忽视的方面。设计师应关注消费者的使用习惯和情感体验，通过优化产品结构和功能设计，提升产品的易用性和舒适度。同时，设计师还应注重产品的情感化设计，通过形态、色彩和材质等设计语言，传达出特定的情感氛围和文化内涵，引发消费者的情感共鸣和认同感。

（六）市场调研与消费者需求分析

市场调研和消费者需求分析是旅游文创产品设计的基础工作。设计师应深入市场，了解消费者的需求、喜好和购买习惯，为产品设计提供有力的数据支持。通过市场调研，设计师可以掌握市场的最新动态和趋势，及时调整设计策略和方向。同时，消费者需求分析有助于设计师更准确地把握目标消费群体的特点和需求，从而设计出更符合市场需求的产品。

（七）可持续发展与环保理念

在旅游文创产品的设计过程中，设计师应充分考虑可持续发展和环保理念。选择可再生、可降解的环保材料，减少产品对环境的影响；优化产品设计，降低生产过程中的能耗和排放；同时，注重产品的循环利用和再生性，延长产品的使用寿命。通过贯彻可持续发展和环保理念，旅游文创产品不仅能够传承文化，还能够为环境保护作出贡献。

综上所述，旅游文创产品的设计方法涵盖了深入挖掘地域文化元素、注重创意与创新的结合、强调实用性与美观性的统一、跨界融合与多元化表达、关注用户体验与情感共鸣、市场调研与消费者需求分析以及可持续发展与环保理念等多个方面。设计师应根据具体的产品类型和市场需求，灵活运用这些方法，创造出既具有文化内涵又符合市场需求的旅游文创产品。同时，设计师还应不断关注行业动态和技术发展，持续创新和改进设计方法，以适应不断变化的市场需求和文化环境。

三、旅游文创产品的设计流程

旅游文创产品的设计流程是一个系统性、创新性的过程，它涉及对地域文化的深入挖掘、创意构思的生成、设计方案的完善以及最终产品的实现等多个环节。

（一）项目启动与背景调研

在旅游文创产品设计流程的开始阶段，设计师首先需要了解项目的背景和目标，明确设计的核心诉求和预期效果。这包括对旅游目的地的文化背景、市场需求、消费者喜好等方面的调研。通过收集和分析相关资料，设计师能够初步确定设计的方向和重点。

（二）地域文化元素挖掘与提炼

地域文化是旅游文创产品的灵魂，设计师需要通过深入研究和挖掘当地的历史、民俗、传说等文化元素，找到设计的灵感来源。在这一阶段，设计师可以运用田野调查、文献研究等方法，收集丰富的文化素材。通过对这些素材的整理和分析，提炼出具有代表性的文化符号和特征，为后续的创意构思打下基础。

（三）创意构思与方案初稿

在有了充足的地域文化元素后，设计师可以开始进行创意构思。这一阶段是设计流程中的关键环节，它要求设计师充分发挥想象力和创造力，将文化元素与产品形态、功能、材质等方面进行有机结合。设计师可以尝试不同的设计理念和手法，生成多个创意方案，并通过草图、手绘等方式表达出来。然后，对这些方案进行初步筛选和评估，选出最具潜力和可行性的方案进行深入发展。

（四）设计方案完善与优化

在确定了初步的设计方案后，设计师需要进一步完善和优化设计方案。这包括对产品的形态、色彩、材质等方面进行细化和调整，使其更加符合文化主题和市场需求。同时，设计师还需要考虑产品的实用性和美观性，确保产品在使用过程中既方便实用，又能给消费者带来美好的视觉体验。此外，设计师还应注重产品的创新性和差异化，以吸引消费者的关注和购买。

（五）技术实现与样品制作

在设计方案完善后，设计师需要与技术人员进行紧密合作，将设计方案转化为实际的产品。这包括确定产品的生产工艺、材料选择、成本控制等方面的问题。在这一阶段，设计师需要与技术人员保持密切的沟通和协作，确保在产品的制作过程中能够充分体现设计理念和创意。同时，设计师还需要对样品进行反复测试和改进，确保产品的质量和性能达到预期的要求。

（六）市场测试与反馈收集

在样品制作完成后，设计师需要将产品进行市场测试，以收集消费者的反馈意见。通过邀请目标消费群体对样品进行体验和评价，设计师可以了解产品的市场接受度和潜在问题。根据消费者的反馈意见，设计师可以对产品进行进一步的优化和改进，提升产品的市场竞争力和用户体验。

（七）产品发布与推广

经过以上几个阶段的设计和完善，旅游文创产品最终可以推向市场。在这一阶段，设计师需要与市场部门密切合作，制定有效的营销策略和推广计划。通过线上线下相结合的方式，如社交媒体宣传、广告投放、文化节庆活动等途径，将产品推广给更广泛的消费者群体。同时，设计师还需要关注市场动态和消费者需求的变化，及时调整产品设计和营销策略，以适应市场的变化和发展。

第三章　产学研深度融合与旅游文创产品设计的关系

第一节　产学研深度融合对旅游文创产品设计的影响

一、提升设计创新能力

设计创新能力是设计师在创作过程中展现出的独特思维、创意构思以及实现能力，它不仅是设计师个人素质的重要体现，也是推动设计行业发展的重要动力。在当今日益竞争激烈的市场环境中，提升设计创新能力显得尤为重要。

（一）拓宽知识视野，增强文化底蕴

设计创新能力的提升首先依赖于设计师自身的知识结构和文化底蕴。设计师应广泛涉猎不同领域的知识，包括艺术、历史、文化、科技等方面，以丰富自己的知识储备和思维方式。通过学习和了解不同领域的知识，设计师能够从中汲取灵感，拓宽设计思路，创造出更具独特性和创新性的作品。

同时，设计师还应关注社会热点和趋势，了解消费者的需求和喜好，以便在设计中更好地融入时代元素和人文关怀。通过对社会文化的深入洞察，设计师能够创作出更符合市场需求和文化背景的作品，提升设计的实用性和吸引力。

（二）培养创新思维，勇于尝试新方法

创新思维是设计创新能力的核心。设计师应敢于打破常规，勇于尝试新的设计理念和手法。在创作过程中，设计师可以运用头脑风暴、逆向思维等方法，激发自己的创意思维，产生更多的创意构思。同时，设计师还应关注行业内的最新动态和趋势，学习借鉴其他优秀设计师的作品和经验，不断丰富自己的设计手法和技巧。

此外，设计师还应注重跨界合作与交流。通过与不同领域的设计师、艺术家、工程师等人员进行合作与交流，设计师能够汲取不同领域的灵感和经验，拓展自己的设计思路和视野。通过跨界合作，设计师能够创造出更具创新性和实用性的作品，提升设计的价值和影响力。

（三）关注技术革新，掌握先进工具

随着科技的不断发展，设计领域也在不断变革。设计师应关注技术革新，掌握先进的设计工具和技术手段，以提升设计效率和品质。例如，设计师可以学习使用 3D 打印、虚拟现实等新兴技术，将这些技术应用于设计中，创造出更具立体感和沉浸感的设计作品。

同时，设计师还应关注数字化设计的发展趋势。通过学习和掌握数字化设计技能，设计师能够更加高效地进行设计创作和修改，提高设计的精准度和可靠性。此外，数字化设计还能够实现设计的共享和协作，促进设计师之间的交流和合作。

（四）培养敏锐的观察力和洞察力

敏锐的观察力和洞察力是设计师发现问题、解决问题以及捕捉灵感的重要能力。设计师应时刻保持对生活的关注和对细节的敏锐观察，从中发现设计的可能性和潜力。通过观察不同人群的行为、习惯和需求，设计师能够更深入地了解消费者的心理和需求，为设计提供有力的依据。

同时，设计师还应关注行业内的成功案例和失败案例，分析其中的原因

和教训。通过深入剖析案例，设计师能够学习到更多的设计经验和技巧，避免在设计中犯同样的错误。此外，设计师还可以通过参加行业会议、展览等活动，与同行交流学习，拓宽自己的视野和思路。

（五）不断实践，积累经验

实践是提升设计创新能力的关键。设计师应通过不断的实践来积累经验、锻炼技能并提升创新能力。在实践过程中，设计师可以尝试不同的设计风格、手法和材料，探索适合自己的设计方法和路径。同时，设计师还应注重反思和总结，及时梳理设计过程中的经验和教训，为今后的设计提供借鉴和参考。

此外，设计师还可以通过参加设计竞赛、展览等活动来展示自己的作品和才华。通过与其他设计师的竞争和交流，设计师能够不断提升自己的设计水平和创新能力，同时也能获得更多的机会和资源。

（六）保持积极心态，持续学习

保持积极的心态和持续学习的精神是提升设计创新能力的重要保障。设计师应始终保持对设计的热情和追求，勇于面对挑战和困难。同时，设计师还应保持谦虚好学的态度，不断学习和吸收新知识、新技能和新理念，以适应不断变化的市场需求和行业发展趋势。

通过以上几个方面的努力和实践，设计师可以逐步提升自己的设计创新能力。在未来的设计工作中，设计师应继续保持探索和创新的精神，不断追求更高的设计境界和更广阔的设计领域，为社会的发展和进步贡献自己的力量。

二、优化产品设计流程

在竞争激烈的市场环境中，产品设计的成功与否直接关系到企业的竞争力和市场份额。因此，优化产品设计流程显得尤为重要。

（一）现有产品设计流程分析

在现有的产品设计流程中，通常包括需求调研、概念设计、详细设计、原型制作、测试验证以及上市准备等环节。然而，这一流程在实际操作中往往存在以下问题。

1. 需求调研不充分

在产品设计初期，对市场需求、用户痛点等方面的调研不够深入，导致设计出的产品与实际需求脱节。

2. 设计迭代效率低

在设计过程中，往往需要进行多次迭代优化，但现有流程中的迭代环节不够高效，导致设计周期延长。

3. 跨部门沟通不畅

产品设计涉及多个部门之间的协作，但现有流程中跨部门沟通不畅，容易导致信息传递失误和设计冲突。

4. 原型制作成本高

在原型制作阶段，由于技术和材料的限制，制作成本较高，增加了产品的开发成本。

（二）优化产品设计流程的措施

针对现有产品设计流程中存在的问题，以下是一些优化措施。

1. 强化需求调研

为了更准确地把握市场需求和用户痛点，应在产品设计初期加强需求调研。可以通过问卷调查、用户访谈、竞品分析等方式，收集用户需求和反馈，为设计提供有力支撑。同时，建立需求数据库，对收集到的需求进行整理和分析，为后续设计提供数据支持。

2. 提升设计迭代效率

为了缩短设计周期，提高设计质量，应优化设计迭代环节。可以采用敏捷设计方法，将设计过程划分为多个短周期迭代，每个迭代阶段都进行用户测试和反馈收集，以便及时调整设计方向。此外，引入设计评审机制，邀请专业人士对设计成果进行评估和建议，确保设计的合理性和可行性。

3. 加强跨部门沟通协作

为了打破部门壁垒，促进跨部门沟通协作，可以建立跨部门协作平台，实现信息共享和实时沟通。同时，制定跨部门协作规范，明确各部门的职责和协作方式，减少信息传递失误和设计冲突。此外，定期组织跨部门培训和交流活动，提升团队成员的协作能力和认知水平。

4. 降低原型制作成本

为了降低原型制作成本，可以探索新的制作技术和材料。例如，采用 3D 打印技术制作原型，可以快速、准确地制作出产品模型，降低制作成本和时间。同时，关注新材料和新工艺的发展，将其应用于原型制作中，提高产品的性能和降低成本。

（三）优化产品设计流程的意义

优化产品设计流程对于企业具有重要意义。首先，优化流程可以提高设计效率，缩短产品上市时间，增强企业的市场竞争力。其次，优化流程可以降低产品开发成本，提高企业的盈利能力。再次，优化流程可以提升产品质量和用户体验，增强用户黏性和口碑传播。最后，优化流程可以促进企业内部协作和外部合作，推动企业的持续发展。

（四）实施优化措施的保障措施

（1）为了确保优化措施的有效实施，需要采取以下保障措施。

（2）建立完善的项目管理机制，确保设计流程的有序进行。

（3）加强团队建设和人才培养，提高团队成员的专业素质和创新能力。

（4）引入先进的设计工具和技术手段，提升设计效率和质量。

（5）定期对设计流程进行评估和改进，以适应市场变化和用户需求的变化。

优化产品设计流程是提高企业竞争力和市场份额的重要手段。通过强化需求调研、提升设计迭代效率、加强跨部门沟通协作、降低原型制作成本等措施，可以优化现有产品设计流程，提高设计质量和效率。同时，实施优化措施需要建立完善的项目管理机制、加强团队建设和人才培养、引入先进的设计工具和技术手段、定期评估和改进设计流程等保障措施。

展望未来，随着科技的不断发展和市场需求的不断变化，产品设计流程将面临新的挑战和机遇。因此，企业应持续关注市场动态和技术发展趋势，不断优化产品设计流程，以适应市场的变化和满足用户的需求。同时，加强与其他企业和机构的合作与交流，共同推动产品设计领域的发展和创新。

综上所述，优化产品设计流程是一项长期而艰巨的任务，需要企业付出持续的努力和投入。只有不断优化和创新，才能在激烈的市场竞争中立于不败之地。

三、增强市场竞争力

在全球化日益加剧、市场竞争愈发激烈的今天，企业要想在市场中立足并持续发展，就必须不断增强自身的市场竞争力。市场竞争力不仅关系到企业的生死存亡，更是企业持续发展的关键因素。

（一）明确市场定位，精准把握目标客户

企业要想在市场中占据一席之地，首先要明确自身的市场定位。通过深入了解行业趋势、市场需求和竞争态势，企业可以准确判断自身的优势和劣势，从而制定出符合自身特点的市场战略。同时，企业还应精准把握目标客户，了解他们的需求和痛点，以便更好地满足他们的需求，提升客户满意度。

（二）优化产品与服务，提升品质与价值

优质的产品与服务是企业赢得市场信任的关键。企业应注重产品研发，不断推陈出新，以满足客户日益多样化的需求。同时，企业还应关注产品质量，通过严格的质量控制和检测，确保产品的高品质。此外，企业还应提供完善的售后服务，及时解决客户在使用过程中遇到的问题，提升客户满意度和忠诚度。

（三）加强品牌建设，提升品牌影响力

品牌是企业的重要资产，也是企业赢得市场竞争的重要手段。企业应注重品牌建设，通过塑造独特的品牌形象、传播品牌理念、提升品牌美誉度等方式，增强品牌的市场竞争力。同时，企业还应加强品牌宣传，利用多种渠道和媒介，扩大品牌的知名度和影响力。

（四）创新营销策略，拓展市场份额

营销策略的创新是企业拓展市场份额的有效途径。企业应关注市场变化，及时调整营销策略，以适应市场的需求和变化。同时，企业还应积极探索新的营销渠道和方式，如网络营销、社交媒体营销等，以扩大企业的市场覆盖面和影响力。此外，企业还应加强与客户的互动和沟通，通过举办活动、开展促销等方式，增强客户对企业的认知和信任。

（五）降低成本，提高效益

成本控制是企业增强市场竞争力的关键环节。企业应通过优化生产流程、降低采购成本、提高生产效率等方式，降低产品成本，提高盈利能力。同时，企业还应注重财务管理，合理规划资金使用，确保企业的稳健运营。

（六）培养与引进人才，提升团队实力

人才是企业发展的核心动力。企业应注重人才的培养和引进，通过建立健全的人才培养和激励机制，激发员工的创新精神和工作热情。同时，企业还应积极引进优秀人才，为企业的持续发展注入新的活力。

（七）强化企业文化建设，凝聚企业向心力

企业文化是企业的灵魂，也是企业凝聚力和向心力的重要来源。企业应注重企业文化建设，通过明确企业价值观、弘扬企业精神、营造积极向上的工作氛围等方式，增强员工的归属感和认同感。一个具有强大企业文化的企业，能够在市场竞争中保持稳健的步伐，应对各种挑战。

（八）加强国际合作与交流，拓展国际市场

随着全球化的深入发展，国际合作与交流已成为企业拓展国际市场的重要途径。企业应积极参与国际竞争与合作，通过参加国际展览、开展国际贸易等方式，拓展国际市场，提升企业的国际影响力。同时，企业还应学习借鉴国际先进经验和技术，不断提升自身的竞争力。

（九）持续创新，保持竞争优势

创新是企业保持竞争优势的关键。企业应持续关注行业动态和技术发展趋势，加强研发创新，推动产品升级和更新换代。同时，企业还应注重管理创新，优化组织结构和业务流程，提高管理效率。通过持续创新，企业可以在市场竞争中保持领先地位，实现可持续发展。

总之，增强市场竞争力是一个系统工程，需要企业从多个方面入手，全面提升自身的综合实力。通过明确市场定位、优化产品与服务、加强品牌建设、创新营销策略、降低成本、培养与引进人才、强化企业文化建设、加强国际合作与交流、持续创新等措施的实施，企业可以不断提升自身的市场竞争力，赢得更多的市场份额和客户信任，实现持续稳健的发展。

第二节　旅游文创产品设计在产学研深度融合中的角色

一、推动产学研深度融合的重要载体

在当今快速发展的知识经济时代，产学研深度融合已成为推动科技创新、提升产业竞争力和实现经济社会持续发展的重要途径。产学研深度融合不仅有助于促进科技成果的转化和应用，还能够加强企业、高校和科研机构之间的合作与交流，形成互利共赢的合作关系。而要实现产学研深度融合，需要

借助有效的载体来推动各方之间的紧密合作与协同发展。

（一）产学研合作平台：促进资源共享与协同创新

产学研合作平台是推动产学研深度融合的重要载体之一。通过搭建产学研合作平台，企业、高校和科研机构可以共享各自的技术、人才、设备等资源，实现优势互补和资源共享。这种合作平台可以组织定期的学术交流、技术研讨和合作项目对接等活动，促进各方之间的沟通与协作。同时，产学研合作平台还可以为各方提供政策咨询、项目申报、融资支持等服务，帮助解决合作过程中的困难和问题。通过产学研合作平台的推动，企业可以获得更多的技术支持和创新资源，高校和科研机构则能够更好地将科研成果转化为实际应用，实现科技创新与产业发展的有机结合。

（二）产学研联合体：构建紧密合作与共同发展的组织形态

产学研联合体是推动产学研深度融合的另一种重要载体。联合体通常由企业、高校和科研机构共同组建，旨在形成长期稳定的合作关系，共同开展科技创新和产业研发。联合体可以根据合作各方的需求和优势，确定合作的方向和目标，共同投入资金、技术和人才等资源，共同承担风险和分享成果。这种紧密合作的组织形态有助于加强各方之间的信任和默契，提高合作的效率和质量。同时，产学研联合体还可以推动产业链的整合和优化，促进产业升级和转型，提升整个产业的竞争力。

（三）科技创新园区：集聚创新资源与培育创新生态

科技创新园区是推动产学研深度融合的重要空间载体。园区通过集聚高校、科研机构、企业和创新服务机构等资源，形成创新要素的集聚效应和协同效应。在园区内，企业可以近距离接触到最新的科研成果和技术动态，与高校和科研机构建立紧密的合作关系，共同开展研发和创新活动。同时，园区还可以提供优质的创新创业环境和服务，如孵化器、加速器、公共实验室等，为创新创业提供全方位的支持。科技创新园区的建设有助于推动产学研深度融合，促进科技创新成果的转化和应用，培育壮大创新型企业，推动区域经济的转型升级。

（四）产学研项目合作：实现具体目标与成果的落地

产学研项目合作是推动产学研深度融合的具体实践形式。通过项目合作，企业、高校和科研机构可以针对具体的科研问题和市场需求，共同开展研发工作，实现技术突破和成果转化。项目合作通常涉及资金、技术、人才等多方面的投入，需要各方共同制定合作方案、明确任务分工、加强沟通协调，确保项目的顺利实施和目标的顺利实现。通过项目合作，企业可以获得实际的技术支持和解决方案，高校和科研机构则可以积累实践经验、提升研发能力，并推动科研成果的产业化应用。

（五）政策支持与引导：为产学研深度融合提供有力保障

在推动产学研深度融合的过程中，政府的政策支持与引导起着至关重要的作用。政府可以通过制定相关政策、法规和规划，明确产学研深度融合的目标和任务，提供资金、税收、土地等方面的支持和优惠。同时，政府还可以建立产学研深度融合的协调机制和服务体系，加强各方之间的沟通与协作，解决合作过程中的困难和问题。此外，政府还可以加强产学研深度融合的宣传和推广，提高社会对产学研合作的认识和重视程度，为产学研深度融合营造良好的社会氛围。

二、促进文化传承与创新的重要途径

文化是一个民族的灵魂，是维系国家统一和民族团结的精神纽带。在全球化浪潮下，文化多样性和文化交流日益频繁，如何有效促进文化传承与创新，成为了我们面临的重要课题。

（一）加强文化教育，培养文化传承与创新意识

文化传承与创新的主体是人，因此，加强文化教育、培养人们的文化传

承与创新意识至关重要。学校作为育人的重要场所，应加强对学生的文化教育，通过课程设置、教材编写、教学方法改革等方式，将传统文化知识融入日常教学中，让学生在学习科学文化知识的同时，也能够领略到传统文化的魅力。同时，社会各界也应积极参与文化教育，通过举办讲座、展览、演出等形式，普及传统文化知识，提高公众的文化素养和审美水平。

（二）挖掘与保护文化遗产，夯实文化传承与创新基础

文化遗产是民族文化的载体，是传承与创新的重要资源。政府和社会组织应加大对文化遗产的挖掘和保护力度，通过考古发掘、文物修复、非物质文化遗产保护等方式，保护好祖先留给我们的宝贵财富。同时，还应建立文化遗产保护机制，完善相关法律法规，提高公众对文化遗产的重视程度，确保文化遗产得到有效传承和利用。

（三）推动文化创新，激发文化传承与发展活力

创新是文化传承与发展的不竭动力。在传承传统文化的基础上，我们应积极推动文化创新，让传统文化在现代社会中焕发出新的生机与活力。文化创新可以从多个方面入手，如艺术创作、产品设计、文化产业发展等。在艺术创作方面，可以借鉴传统艺术元素，结合现代审美观念，创作出具有时代特色的艺术作品；在产品设计方面，可以将传统文化元素融入现代产品中，提升产品的文化内涵和附加值；在文化产业发展方面，可以依托传统文化资源，发展文化旅游、文化创意等产业，推动文化产业成为国民经济的重要支柱。

（四）加强国际文化交流，拓宽文化传承与创新视野

在全球化背景下，国际文化交流日益频繁，这为文化传承与创新提供了广阔的空间。我们应积极参与国际文化交流活动，学习借鉴其他国家和地区的优秀文化成果，丰富我们的文化内涵和表达方式。同时，也要积极向世界展示我们的传统文化，让更多的人了解和欣赏我们的文化魅力。通过国际文

化交流，我们可以拓展文化传承与创新的视野，促进不同文化之间的相互理解和尊重，推动构建人类命运共同体。

（五）利用现代科技手段，提升文化传承与创新效率

现代科技手段为文化传承与创新提供了强大的支持。我们可以利用数字化技术、互联网技术等现代科技手段，对传统文化进行数字化保存和传播，让更多的人能够便捷地接触到传统文化。同时，也可以利用现代科技手段推动文化创新，如利用虚拟现实技术重现历史场景、利用人工智能技术进行艺术创作等。现代科技手段的应用不仅可以提升文化传承与创新的效率，还可以为传统文化注入新的活力，推动文化事业的繁荣发展。

（六）深化文化体制改革，释放文化传承与创新活力

文化体制是文化传承与创新的重要保障。我们应深化文化体制改革，打破束缚文化发展的体制机制障碍，释放文化传承与创新的活力。具体来说，可以加强文化市场体系建设，完善文化产品生产和流通机制；加强文化人才队伍建设，培养一批具有创新精神和实践能力的文化人才；加强文化法律法规建设，为文化传承与创新提供法治保障。

（七）注重文化传承与创新的结合，实现文化的可持续发展

文化传承与创新并非相互独立的两个过程，而是相辅相成、相互促进的。在文化传承的过程中，我们需要不断挖掘传统文化的内在价值，传承其精神内涵和核心价值；在文化创新的过程中，我们需要充分借鉴传统文化的元素和精髓，为现代文化注入新的生命力。只有实现文化传承与创新的有机结合，才能推动文化的可持续发展，让文化在传承中焕发新的光彩。

综上所述，促进文化传承与创新是一个系统工程，需要我们从多个方面入手，采取多种措施。通过加强文化教育、挖掘与保护文化遗产、推动文化创新、加强国际文化交流、利用现代科技手段、深化文化体制改革以及注重文化传承与创新的结合等途径，我们可以有效促进文化传承与创新，推动文

化事业的繁荣发展。同时，我们也需要认识到，文化传承与创新是一个长期而艰巨的任务，需要我们持之以恒地努力和实践。

三、提升旅游产业附加值的关键环节

旅游产业作为现代服务业的重要组成部分，对于推动经济发展、促进文化交流、提升人民生活品质等方面具有重要意义。然而，随着旅游市场的竞争日益激烈，如何提升旅游产业的附加值，实现旅游业的可持续发展，成为了当前亟待解决的问题。

（一）优化旅游产品结构，提升旅游体验质量

旅游产品是旅游产业链的核心，其质量和特色直接决定了旅游产业的附加值。因此，优化旅游产品结构，提升旅游体验质量是提升旅游产业附加值的关键环节之一。具体而言，应从以下几个方面入手。

首先，注重旅游产品的差异化与个性化。在旅游产品开发过程中，应根据目标市场的需求和消费者的喜好，设计具有独特性和个性化的旅游产品，避免产品的同质化竞争。通过差异化的旅游产品，满足消费者的多元化需求，提升旅游体验的深度和广度。

其次，加强旅游产品的文化内涵挖掘。旅游不仅是一种休闲方式，更是一种文化体验。因此，在旅游产品设计中，应深入挖掘旅游目的地的文化内涵，将历史文化、民俗风情等元素融入产品中，让游客在旅游过程中感受到浓厚的文化氛围，提升旅游体验的文化价值。

最后，注重旅游产品的服务质量提升。服务质量是旅游产品的重要组成部分，直接影响游客的满意度和忠诚度。因此，应加强对旅游从业人员的培训和管理，提高服务意识和专业素养，确保游客在旅游过程中享受到优质的服务。

（二）加强旅游品牌建设，提升旅游目的地形象

旅游品牌是旅游目的地的核心竞争力，对于提升旅游产业附加值具有重要意义。加强旅游品牌建设，提升旅游目的地形象，有助于吸引更多游客前来旅游，

推动旅游产业的持续发展。具体而言，应从以下几个方面加强旅游品牌建设。

首先，明确品牌定位和目标市场。在品牌建设过程中，应明确旅游目的地的定位和目标市场，根据市场需求和消费者特点，制定有针对性的品牌策略，确保品牌形象的独特性和吸引力。

其次，加强品牌传播和推广。通过媒体宣传、网络营销、活动策划等多种方式，加大旅游品牌的宣传力度，提高品牌知名度和美誉度。同时，加强与旅游企业、旅行社等合作伙伴的合作，共同推广旅游品牌，扩大品牌影响力。

最后，注重品牌形象的维护和提升。品牌形象是旅游目的地的长期资产，需要持续维护和提升。因此，应加强对旅游市场的监测和分析，及时发现和解决品牌形象问题，确保品牌形象的稳定性和持续性。

（三）推动旅游产业创新，拓展旅游产业链

旅游产业创新是提升旅游产业附加值的重要途径。通过推动旅游产业创新，拓展旅游产业链，可以开发出更多具有市场竞争力的旅游产品，提高旅游产业的整体效益。具体而言，应从以下几个方面推动旅游产业创新。

首先，加强旅游科技创新。利用现代科技手段，如大数据、云计算、人工智能等，提升旅游产业的智能化水平，优化旅游服务流程，提高旅游产业的运营效率。

其次，推动旅游业态创新。结合市场需求和消费趋势，探索新的旅游业态和模式，如乡村旅游、生态旅游、文化旅游等，丰富旅游产品的种类和形式，满足游客的多元化需求。

最后，加强旅游产业融合。推动旅游产业与其他产业的深度融合，如旅游与农业、文化、体育等产业的融合，形成旅游产业链的延伸和拓展，提高旅游产业的附加值和综合效益。

（四）提升旅游从业人员素质，强化旅游服务质量

旅游从业人员是旅游服务的重要组成部分，其素质和服务水平直接影响游客的旅游体验。因此，提升旅游从业人员素质，强化旅游服务质量，是提

升旅游产业附加值的关键环节之一。具体而言，应从以下几个方面入手。

首先，加强旅游从业人员的职业培训。通过定期的职业培训，提高从业人员的专业素养和服务技能，使其能够更好地满足游客的需求和提供优质的服务。

其次，建立完善的激励机制。通过制定合理的薪酬制度、晋升机制等激励措施，激发从业人员的工作积极性和创造力，提高服务质量和工作效率。

最后，加强旅游从业人员的职业道德教育。通过加强职业道德教育，培养从业人员的服务意识和责任感，确保游客在旅游过程中得到良好的服务体验。

（五）加强旅游目的地基础设施建设，提升旅游接待能力

旅游目的地的基础设施建设是提升旅游产业附加值的基础保障。完善的基础设施不仅可以提高旅游目的地的接待能力，还可以提升游客的旅游体验。因此，应加大对旅游目的地基础设施建设的投入力度，优化交通、住宿、餐饮等配套设施，确保游客在旅游过程中的基本需求得到满足。

综上所述，提升旅游产业附加值的关键环节包括优化旅游产品结构、加强旅游品牌建设、推动旅游产业创新、提升旅游从业人员素质以及加强旅游目的地基础设施建设等方面。这些环节相互关联、相互促进，共同构成了提升旅游产业附加值的完整体系。只有不断加强这些环节的建设和完善，才能推动旅游产业的持续健康发展。

第三节　产学研深度融合背景下旅游文创产品设计的创新点

一、设计理念的创新

在快速发展的现代社会中，设计理念的创新成为了推动设计领域不断进步的重要动力。设计理念是设计师在创作过程中所秉持的核心思想和原则，它直接影响着设计作品的风格、功能和价值。因此，对设计理念进行创新，不仅能够推动设计作品的个性化与差异化，还能够满足不断变化的市场需求，为人们的生活带来更多的便利与美好。

（一）设计理念创新的内涵与意义

设计理念的创新是指在传统设计思想的基础上，通过引入新的思维方式、技术手段和文化元素，打破陈规旧习，创造出更具时代特色、符合市场需求的设计理念和作品。这种创新不仅体现在设计作品的外观和形式上，更体现在其内在的功能和价值上。

设计理念的创新具有重要意义。首先，它能够推动设计领域的不断发展。在激烈的市场竞争中，只有不断创新的设计理念才能引领设计潮流，满足消费者的多元化需求。其次，设计理念的创新有助于提升设计作品的文化内涵和审美价值。通过引入新的文化元素和审美观念，设计师可以创造出更具深度和广度的设计作品，丰富人们的精神文化生活。最后，设计理念的创新还能够促进设计产业与其他产业的融合发展。通过将设计元素融入其他产业的产品和服务中，可以推动产业的创新和升级，为经济发展注入新的活力。

（二）设计理念创新的途径与方法

1. 跨界融合，拓宽设计视野

跨界融合是设计理念创新的重要途径之一。设计师可以通过借鉴其他领域的设计理念和元素，将其融入自己的设计作品中，创造出更具独特性和创新性的作品。例如，将艺术与科技相结合，可以创造出具有互动性和趣味性的设计作品；将传统文化与现代设计相结合，可以创造出具有民族特色和时代感的设计作品。通过跨界融合，设计师可以拓宽自己的设计视野，打破传统的设计框架，创造出更具创意和个性的作品。

2. 关注社会热点，反映时代精神

设计理念的创新需要紧密关注社会热点和时代变迁。设计师应该敏锐地捕捉社会的变化和人们的需求，将其转化为设计作品中的元素和主题。例如，在环保意识日益增强的今天，设计师可以将环保理念融入设计中，创造出环保、节能的设计作品；在科技快速发展的时代，设计师可以关注新技术、新材料的应用，将其运用到设计作品中，提升作品的科技含量和附加值。通过关注社会热点和时代精神，设计师可以创造出更具现实意义和社会价值的设计作品。

3. 挖掘个性需求，实现差异化设计

在消费者需求日益多样化的今天，设计理念的创新需要更加注重个性化和差异化的设计。设计师应该深入了解消费者的需求和喜好，根据不同人群的特点和喜好，设计出符合其个性化需求的产品。同时，设计师还应该关注市场的变化和竞争态势，通过创新的设计理念和作品，实现与竞争对手的差异化竞争。通过挖掘个性需求和实现差异化设计，设计师可以创造出更具市场竞争力和吸引力的设计作品。

4. 引入新技术手段，提升设计效率和质量

新技术的不断发展为设计理念的创新提供了有力支持。设计师可以积极引入新技术手段，如人工智能、虚拟现实、3D 打印等，提升设计效率和质量。例如，利用人工智能技术可以优化设计方案和流程，提高设计效率；利用虚拟现实技术可以模拟出真实的使用场景和体验效果，帮助设计师更好地把握设计细节和用户需求；利用 3D 打印技术可以快速制作出设计原型，方便设计师进行迭代和优化。通过引入新技术手段，设计师可以在创新设计理念的同时，提升设计的效率和质量。

（三）设计理念创新的实践案例与启示

在实践中，许多优秀的设计作品都体现了设计理念的创新。例如，某品牌推出的智能家居产品，通过引入人工智能和物联网技术，实现了家居设备的智能化控制和互联互通，为用户带来了更加便捷和舒适的生活体验。这一设计理念的创新不仅满足了消费者的需求，也推动了智能家居产业的发展。

这些实践案例给我们带来了深刻的启示。首先，设计理念的创新需要紧密结合市场需求和消费者需求，只有真正满足用户需求的设计作品才能获得

市场的认可。其次，设计理念的创新需要注重技术与艺术的结合，通过技术手段的运用提升设计的品质和价值。最后，设计理念的创新需要不断尝试和探索新的领域和可能性，勇于挑战传统的设计框架和思维方式。

二、设计方法的创新

在当今日新月异的时代背景下，设计方法的创新对于提升设计质量、满足用户需求，以及推动设计领域的发展具有不可忽视的重要作用。传统的设计方法往往受限于固定的思维模式和技术手段，难以适应快速变化的市场需求和技术进步。因此，对设计方法进行创新，成为设计领域亟待解决的问题。

（一）设计方法创新的内涵与意义

设计方法的创新是指在传统设计方法的基础上，通过引入新的思维方式、技术手段和设计理念，创造出更具创新性和实用性的设计方法。这种创新不仅体现在设计流程的优化上，更体现在设计思维和设计手段的转变上。

设计方法创新的意义在于提升设计的效率和品质。通过引入新的设计方法和手段，设计师可以更加高效地解决设计过程中遇到的问题，提高设计的准确性和可靠性。同时，创新的设计方法还能够激发设计师的创造力和想象力，推动设计作品的个性化和差异化，满足用户的多元化需求。

（二）设计方法创新的途径与方法

1. 引入跨学科思维，拓展设计视野

跨学科思维是设计方法创新的重要途径之一。设计师可以通过借鉴其他学科的理论和方法，将其应用到设计实践中，从而打破传统的设计局限，创造出更具创新性的设计作品。例如，引入心理学、社会学等人文社会科学的知识，可以帮助设计师更好地理解用户需求和行为，提升设计的针对性和实用性。

2. 强调用户参与，实现设计共创

用户参与是设计方法创新的另一个重要方向。传统的设计方法往往以设计师为中心，忽视了用户的参与和反馈。然而，在现代设计中，用户已经成为设计过程中不可或缺的一部分。通过引入用户参与的设计方法，如用户测试、用户访谈等，设计师可以更好地了解用户的真实需求和期望，从而设计出更符合用户需求的产品。

3. 利用数字化技术，优化设计流程

数字化技术的快速发展为设计方法创新提供了有力支持。设计师可以利用数字化工具和技术，如人工智能、大数据分析等，优化设计流程，提高设计效率。例如，通过利用人工智能算法进行辅助设计，可以自动生成设计方案和模型，减少设计师的工作量；通过大数据分析用户行为和反馈，可以帮助设计师更准确地把握市场需求和趋势。

4. 倡导可持续设计理念，推动绿色发展

可持续设计是设计方法创新的又一重要方向。随着全球环境问题的日益严重，人们越来越关注产品的环保性能和可持续性。因此，在设计过程中引入可持续设计理念和方法，如使用环保材料、优化能源利用等，不仅符合社会发展的需求，也有助于提升设计的品质和价值。

（三）设计方法创新的挑战与应对

虽然设计方法创新具有重要意义和广阔前景，但在实践过程中也面临着一些挑战。首先，跨学科思维的引入需要设计师具备更广泛的知识背景和学习能力；其次，用户参与的设计方法需要设计师具备与用户有效沟通和协作的能力；再次，数字化技术的利用需要设计师掌握相关的技术工具和操作技能；最后，可持续设计理念的实践需要设计师具备对环境问题的深刻认识和责任感。

为了应对这些挑战，设计师可以采取以下措施：一是加强跨学科学习和交流，不断提升自己的综合素质和能力水平；二是注重与用户的沟通和反馈，积极收集和分析用户信息，以便更好地满足用户需求；三是积极学习和掌握数字化技术，将其应用到设计实践中；四是增强环保意识和社会责任感，将可持续设计理念融入设计作品中。

三、设计材料的创新

设计材料的创新是设计领域发展的重要驱动力之一。随着科技的不断进步和人们对生活品质的不断追求，传统的设计材料已经难以满足现代设计的多样化需求。因此，对设计材料进行创新，探索新型材料的应用，成为设计师们亟待解决的问题。

（一）设计材料创新的内涵与意义

设计材料的创新是指在传统材料的基础上，通过研发新材料、改良现有材料性能或发掘材料的新用途等方式，实现设计材料的多样化、高效化和环保化。这种创新不仅涉及材料的物理和化学性质，还包括材料的外观、触感和可持续性等方面。

设计材料创新的意义在于推动设计的进步和发展。首先，新型材料的应用可以丰富设计的表现力和创造力，使设计师能够创造出更加独特、新颖的设计作品。其次，新型材料往往具有更好的性能和更高的效率，能够提升设计作品的质量和实用性。最后，环保型材料的研发和应用有助于推动绿色设计的发展，实现设计与环境的和谐共生。

（二）设计材料创新的途径与方法

1. 研发新型材料

研发新型材料是设计材料创新的重要途径。通过科学实验和技术创新，可以开发出具有独特性能和用途的新型材料。例如，纳米材料、生物基材料、智能材料等新型材料的出现，为设计领域带来了无限的可能性。这些新型材料不仅具有优异的物理和化学性能，还能够实现自我修复、自我适应等功能，为设计作品赋予更多的智慧和灵性。

2. 改良现有材料性能

对现有材料进行性能改良也是设计材料创新的有效方法。通过改进材料的生产工艺、添加新的添加剂或采用新的表面处理技术等方式，可以提升材料的强度、韧性、耐磨性等方面的性能。这种创新方法既能够充分利用现有资源，又能够降低生产成本，实现设计的可持续发展。

3. 发掘材料的新用途

发掘材料的新用途也是设计材料创新的一种重要方式。通过对材料的深入研究和实验探索，可以发现材料的潜在用途和新的应用领域。例如，一些传统的建筑材料在经过特殊处理后，可以用于家具设计或装饰品制作等领域；一些废弃的材料也可以经过再加工和再利用，成为新的设计材料。这种创新方法既能够拓展材料的应用范围，又能够实现资源的循环利用，减少浪费和污染。

（三）设计材料创新面临的挑战与应对

尽管设计材料创新带来了许多机遇和可能性，但在实践过程中也面临着一些挑战。首先，新型材料的研发和应用需要投入大量的资金和人力资源，且研发周期长、风险高。其次，新型材料的性能和稳定性需要经过严格的测试和验证，确保其符合设计要求和使用安全。最后，新型材料的生产和加工技术也需要不断完善和优化，以降低生产成本和提高生产效率。

为了应对这些挑战，可以采取以下措施：一是加强产学研合作，促进科技创新和成果转化；二是加大政策扶持力度，鼓励企业和个人投入设计材料创新领域；三是加强人才培养和引进，培养一支具备创新意识和实践能力的设计材料创新团队；四是加强国际交流与合作，借鉴和学习国际先进的设计材料创新经验和技术。

（四）设计材料创新的未来展望

随着科技的不断进步和人们对生活品质的不断追求，设计材料创新将继续保持蓬勃发展的态势。未来，我们可以期待以下几个方面的发展趋势。

1. 环保型材料将得到更广泛的应用

随着全球环境问题的日益严重，人们对环保和可持续发展的关注度不断提高。因此，环保型材料将成为未来设计领域的重要发展方向之一。

2. 智能材料将得到更多的研究和应用

智能材料具有自我感知、自我修复、自我适应等功能，能够为设计作品带来更高的智能化水平和更好的用户体验。

3. 生物基材料将得到更多的关注和开发

生物基材料来源于可再生资源，具有环保、可再生等优点，未来将在设计领域发挥更加重要的作用。

4. 复合材料的应用将更加广泛

复合材料由两种或两种以上不同性质的材料组成，具有优异的综合性能。未来，随着复合材料制备技术的不断进步和成本的降低，其应用范围将进一步扩大。

综上所述，设计材料的创新是推动设计领域不断发展的重要动力。通过研发新型材料、改良现有材料性能、发掘材料的新用途等途径和方法，我们可以不断推动设计材料的创新和发展。同时，面对挑战和困难，我们需要采取积极的应对措施，加强合作与交流，共同推动设计材料创新领域的繁荣与进步。

第四节　产学研深度融合促进旅游文创产品设计的路径

一、加强产学研合作与交流

随着全球科技和经济的快速发展，产学研合作与交流在推动科技创新、产业升级和人才培养等方面发挥着越来越重要的作用。加强产学研合作与交流，不仅有助于实现科研成果的转化和应用，还能促进产业结构的优化和升级，提高国家整体竞争力。

（一）产学研合作与交流的内涵与意义

产学研合作与交流是指产业界、学术界和研究机构之间通过合作与交流，共同开展科学研究、技术创新和人才培养等活动。这种合作模式打破了传统上产业、学术和研究之间的壁垒，实现了资源的共享和优化配置，提高了科技创新的效率和质量。

加强产学研合作与交流的意义主要体现在以下几个方面。

促进科研成果转化。产学研合作可以将学术界的科研成果与产业界的市场需求相结合，推动科研成果的商业化应用，实现科技创新的经济价值。

推动产业升级。通过产学研合作，企业可以获取最新的科研成果和技术支持，推动产品升级和产业结构的优化，提升产业的竞争力和可持续发展能力。

培养创新人才。产学研合作可以为人才培养提供实践平台和资源支持，有助于培养具有创新精神和实践能力的高素质人才，为国家的发展提供有力的人才保障。

（二）产学研合作与交流的现状

当前，我国产学研合作与交流已经取得了一定的成果。政府出台了一系列政策措施，鼓励和支持产学研合作；高校和科研机构积极参与产学研合作，与企业建立了广泛的合作关系；企业在产学研合作中的主体地位逐渐凸显，成为推动科技创新的重要力量。

然而，与发达国家相比，我国产学研合作与交流还存在一些问题和不足。主要表现在以下几个方面。

1. 合作机制不健全

目前，我国产学研合作尚未形成完善的合作机制，合作过程中存在信息不对称、利益分配不均等问题，影响了合作的稳定性和效果。

2. 合作层次不深

虽然我国产学研合作取得了一定的成果，但整体而言，合作层次还不够深入，多数合作还停留在项目合作和短期合作的层面，缺乏长期稳定的合作关系。

3. 人才流动不畅

由于体制机制等原因，高校和科研机构的人才难以顺利流向企业，而企业的人才也难以进入高校和科研机构，这制约了产学研合作的深入开展。

（三）加强产学研合作与交流的策略

针对上述问题，我们需要从以下几个方面加强产学研合作与交流。

1. 完善合作机制

政府应出台更加具体、有针对性的政策措施，引导和支持产学研合作；同时，建立产学研合作的信息共享平台，加强合作信息的沟通和交流，促进合作双方的互信和共赢。

2. 深化合作层次

产学研合作应从项目合作、短期合作向战略合作、长期合作转变。企业、高校和科研机构应建立更加紧密的合作关系，共同开展科学研究、技术创新和人才培养等活动，实现资源的共享和优化配置。

3. 促进人才流动

打破体制机制障碍，推动高校和科研机构的人才流向企业，同时鼓励企业的人才进入高校和科研机构。通过人才流动，实现产学研各方在人才培养、技术创新等方面的优势互补和互利共赢。

4. 加强国际交流与合作

借鉴国际先进经验和技术，推动产学研合作的国际化发展。通过参与国际科技合作项目和交流活动，提升我国产学研合作的水平和影响力。

5. 加强产学研合作与交流是推动科技创新、产业升级和人才培养的重要途径

面对当前存在的问题和不足，我们需要从完善合作机制、深化合作层次、促进人才流动和加强国际交流与合作等方面入手，不断提升产学研合作的水

平和效果。

展望未来，随着科技的不断进步和经济的持续发展，产学研合作与交流将迎来更加广阔的发展空间。我们应抓住机遇，加强合作与交流，共同推动科技创新和产业发展，为国家的繁荣富强和人民的幸福安康作出更大的贡献。

总之，加强产学研合作与交流是一项长期而艰巨的任务，需要政府、企业、高校和科研机构等各方共同努力。只有通过合作与交流，才能实现科技创新的突破和产业升级的跨越式发展，推动国家整体竞争力的提升和社会的进步。

二、构建产学研协同创新平台

随着全球科技竞争的日益激烈和经济的快速发展，产学研协同创新已经成为推动科技创新、促进产业升级和提升国家竞争力的重要途径。构建产学研协同创新平台，能够加强产业界、学术界和研究机构之间的深度合作与交流，实现资源共享、优势互补和互利共赢，从而推动科技创新的快速发展。

（一）构建产学研协同创新平台的必要性

1. 促进科技创新与产业升级

构建产学研协同创新平台，能够将产业界的市场需求、学术界的科研实力和研究机构的技术创新紧密结合起来，形成强大的创新合力。通过平台，各方可以共同开展科研项目、共享科研资源、推动科技成果转化，从而加速科技创新的进程，促进产业的升级和转型。

2. 提升国家竞争力

在全球化背景下，国家的竞争力越来越依赖于科技创新的能力。构建产学研协同创新平台，有助于集中优势资源，突破关键核心技术，形成具有自主知识产权的核心竞争力。同时，平台还可以促进国际科技合作与交流，提升国家在国际科技领域的地位和影响力。

3. 培养创新人才

产学研协同创新平台为人才培养提供了广阔的实践舞台和丰富的创新资

源。通过参与平台的科研项目和技术创新活动，学生和研究人员可以接触到最新的科研成果和技术动态，锻炼创新能力和实践能力，为国家的创新发展提供有力的人才保障。

（二）构建产学研协同创新平台的策略

1. 明确平台定位与目标

构建产学研协同创新平台的首要任务是明确平台的定位与目标。平台应定位于服务国家战略需求、推动产业升级和科技创新，目标则是实现资源共享、优势互补和互利共赢。同时，平台还应根据自身的特点和优势，确定重点发展的领域和方向。

2. 建立多元化合作机制

产学研协同创新平台需要建立多元化的合作机制，包括产学研之间的项目合作、人才培养合作、资源共享合作等。通过签订合作协议、建立联合实验室、共同开展科研项目等方式，形成紧密的合作关系，推动科技创新的深入发展。

3. 强化政策支持与引导

政府在构建产学研协同创新平台中发挥着重要的作用。政府应出台相关政策，鼓励和支持产学研之间的合作与交流；同时，通过设立专项资金、提供税收优惠等措施，引导企业、高校和科研机构积极参与平台的建设与发展。

4. 加强平台建设与运营

产学研协同创新平台的建设与运营需要注重实效性和可持续性。平台应建立完善的组织架构和管理制度，确保各项工作的有序开展；同时，加强平台的宣传与推广，吸引更多的合作伙伴加入平台，共同推动科技创新的发展。

（三）产学研协同创新平台的运行机制

1. 项目管理机制

平台应建立科学的项目管理机制，包括项目申报、评审、立项、实施和验收等环节。通过项目管理机制，确保科研项目的质量和效益，实现资源的优化配置和高效利用。

2. 人才培养机制

平台应重视人才培养工作，建立完善的人才培养机制。通过设立奖学金、提供实践机会等方式，吸引优秀学生和研究人员参与平台的科研工作；同时，加强产学研之间的人才交流与合作，促进人才的成长与发展。

3. 资源共享机制

平台应建立资源共享机制，实现科研设备、数据资源、技术成果等的共享与利用。通过资源共享机制，降低科研成本，提高科研效率，推动科技创新的快速发展。

（四）面临的挑战与对策

1. 合作机制不完善

在构建产学研协同创新平台的过程中，合作机制不完善是一个亟待解决的问题。为了应对这一挑战，应加强政策引导，完善合作机制，明确各方的权责利益，确保合作的稳定性和有效性。

2. 资金投入不足

资金投入不足是制约产学研协同创新平台发展的重要因素。为此，应加大政府投入力度，吸引社会资本参与，形成多元化的投资体系；同时，优化资金使用结构，提高资金使用效率。

3. 人才流动不畅

人才流动不畅也是影响产学研协同创新平台发展的一个重要问题。为了促进人才流动，应打破体制机制障碍，建立灵活的人才流动机制；同时，加强产学研之间的人才交流与合作，推动人才的优化配置和共享。

构建产学研协同创新平台是推动科技创新、产业升级和国家竞争力提升的重要途径。通过明确平台定位与目标、建立多元化合作机制、强化政策支持与引导以及加强平台建设与运营等措施，可以推动产学研协同创新平台的快速发展。然而，在平台运行过程中也会面临一些挑战和问题，需要不断完善和优化平台的运行机制和管理制度。

展望未来，随着科技的不断进步和经济的持续发展，产学研协同创新平台将在推动科技创新和产业升级中发挥更加重要的作用。我们应抓住机遇，加强合作与交流，共同推动产学研协同创新平台的建设与发展，为国家的繁荣富强和人民的幸福安康作出更大的贡献。

三、完善产学研深度融合的政策保障

随着全球科技竞争的日益激烈和经济的快速发展，产学研深度融合已经成为推动科技创新、促进产业升级和提升国家竞争力的重要途径。然而，当前产学研深度融合在政策保障方面仍存在一些问题和不足，制约了其深入发展。因此，完善产学研深度融合的政策保障显得尤为重要。

（一）政策保障在产学研深度融合中的重要性

政策保障是产学研深度融合得以顺利进行的重要保障。通过制定和实施相关政策，可以为产学研深度融合提供有力的制度支撑和资源保障，推动各方积极参与合作，实现资源共享、优势互补和互利共赢。同时，政策保障还可以引导产学研深度融合的发展方向，促进科技创新与产业升级的紧密结合，提升国家的整体竞争力。

（二）当前产学研深度融合在政策保障方面存在的问题

1. 政策体系不完善

当前，我国在产学研深度融合方面的政策体系尚不完善，缺乏系统性和连贯性。政策之间存在重复、矛盾或空白的情况，导致政策执行效果不佳，无法为产学研深度融合提供有效的制度保障。

2. 政策支持力度不足

尽管我国政府已经出台了一系列支持产学研深度融合的政策，但在实际执行过程中，政策支持力度仍然不足。政策扶持的范围有限、扶持标准不明确、扶持资金不到位等问题仍然存在，制约了产学研深度融合的发展。

3. 政策执行力度不够

一些地方和部门在执行产学研深度融合政策时存在力度不够、执行不到位的情况。政策宣传不够广泛，政策解读不够深入，政策执行缺乏有效监督和评估机制，导致政策效果难以充分发挥。

（三）完善产学研深度融合政策保障的策略

1. 构建完善的政策体系

针对当前政策体系不完善的问题，应加强对产学研深度融合政策的研究和制定工作，形成系统完整、相互衔接的政策体系。同时，加强对政策的宣传和解读，提高政策的知晓率和执行率。

2. 加大政策支持力度

政府应进一步加大对产学研深度融合的政策支持力度，扩大政策扶持范围，明确扶持标准，确保扶持资金及时到位。同时，鼓励社会资本参与产学研深度融合，形成多元化的投入机制。

3. 强化政策执行力度

各级政府和部门应加强对产学研深度融合政策的执行力度，建立健全政策执行监督和评估机制。通过加强监督检查、定期评估政策执行效果等方式，确保政策得到有效执行和落地。

（四）完善产学研深度融合政策保障的实施效果

1. 促进产学研深度融合发展

通过完善政策保障，可以进一步推动产学研深度融合的发展。政策的有效实施将激发各方参与合作的积极性，促进资源共享和优势互补，推动科技创新与产业升级的紧密结合。

2. 提升国家竞争力

产学研深度融合的发展将有力提升国家的整体竞争力。通过政策保障的支持和引导，可以推动形成一批具有核心竞争力的科技创新企业和产业集群，为国家的经济社会发展提供有力支撑。

3. 培养高素质人才

产学研深度融合不仅有助于科技创新和产业升级，还能为人才培养提供广阔的平台。通过政策保障的支持，可以吸引更多优秀人才参与产学研合作，培养一批具有创新精神和实践能力的高素质人才，为国家的长远发展提供人才保障。

完善产学研深度融合的政策保障是推动科技创新和产业升级的重要举措。通过构建完善的政策体系、加大政策支持力度和强化政策执行力度等措施，可以有效解决当前政策保障方面存在的问题和不足，推动产学研深度融合的深入发展。然而，政策保障只是推动产学研深度融合的一个方面，还需要各方共同努力，加强合作与交流，共同推动科技创新和产业升级的进程。

展望未来，随着科技的不断进步和经济的持续发展，产学研深度融合将在国家经济社会发展中发挥越来越重要的作用。我们应继续完善政策保障，加强政策宣传和执行力度，推动产学研深度融合向更高层次、更广领域发展，为国家的繁荣富强和人民的幸福安康作出更大的贡献。

第四章　产学研深度融合下旅游文创产品设计的理念

第一节　以市场为导向的设计理念

一、市场导向在产品设计中的意义

市场导向作为一种商业哲学和管理策略，在产品设计领域具有深远的意义。产品设计不仅是技术和艺术的结合，更是对市场需求的深刻理解和精准把握。在现代商业环境中，市场导向的产品设计不仅关乎企业的生存与发展，更是企业实现创新、提升竞争力的关键。

（一）市场导向的内涵及其对产品设计的影响

市场导向是指企业在经营活动中，以市场需求为导向，通过市场调研和分析，了解消费者的需求和期望，并以此为基础制定产品策略、营销策略和服务策略。在产品设计中，市场导向意味着设计师需要密切关注市场动态，了解消费者的喜好和变化，将市场需求转化为设计元素和功能特点，从而打造出符合市场需求的产品。

市场导向对产品设计的影响主要体现在以下几个方面。

1. 需求分析

市场导向要求设计师深入了解消费者的需求，包括显性需求和隐性需求。显性需求是消费者明确表达出来的需求，而隐性需求则需要设计师通过深入观察和分析来挖掘。通过对市场需求的精准把握，设计师可以设计出更符合消费者期望的产品。

2. 竞争分析

市场导向要求设计师关注竞争对手的产品特点和市场表现，以便在设计中形成差异化竞争优势。通过对竞争对手的分析，设计师可以了解市场的竞争格局，发现潜在的市场机会，从而设计出更具竞争力的产品。

3. 创新驱动

市场导向鼓励设计师在设计中追求创新，以满足消费者不断变化的需求。创新不仅体现在产品的外观和功能上，还体现在产品的使用体验和服务模式上。通过创新驱动，设计师可以打造出具有独特价值的产品，提升企业的竞争力。

（二）市场导向在产品设计中的具体应用

市场导向在产品设计中的应用涉及多个方面，以下是一些具体的例子。

1. 用户体验设计

市场导向强调以用户为中心的设计理念，注重提升用户的使用体验。设计师需要深入了解用户的使用习惯和需求，通过优化产品的界面设计、操作流程和功能布局，提高产品的易用性和满意度。

2. 定制化设计

随着消费者个性化需求的增长，市场导向要求设计师能够提供定制化的设计服务。通过了解消费者的个性化需求，设计师可以设计出符合消费者个人品味和风格的产品，提升产品的附加值和市场竞争力。

3. 环保设计

在当前环保意识日益增强的背景下，市场导向也要求设计师在产品设计中充分考虑环保因素。设计师可以选择环保材料、优化产品结构和生产工艺，降低产品的能耗和排放，提升产品的环保性能。

（三）市场导向对产品设计的积极作用

市场导向在产品设计中的积极作用主要体现在以下几个方面。

1. 提高产品市场适应性

通过市场导向的设计策略，设计师可以确保产品紧密贴合市场需求，提高产品的市场适应性。这有助于降低市场风险，提升产品的销售量和市场占有率。

2. 增强品牌竞争力

市场导向的产品设计能够突出品牌的独特性和差异化优势，增强品牌的竞争力和影响力。通过不断创新和优化产品设计，企业可以建立起强大的品牌形象和口碑。

3. 促进企业可持续发展

市场导向要求企业在产品设计中注重环保和社会责任，这有助于企业树立良好的社会形象，赢得消费者的信任和支持。同时，通过满足消费者的需求和期望，企业可以建立起稳定的客户关系，实现长期的可持续发展。

综上所述，市场导向在产品设计中具有重要的意义。通过深入理解市场导向的内涵和应用，设计师可以打造出更符合市场需求的产品，提升企业的竞争力和市场占有率。同时，市场导向也要求设计师不断创新和优化产品设计，以满足消费者不断变化的需求，推动企业实现可持续发展。因此，企业在产品设计中应充分重视市场导向的作用，将其贯穿于产品设计的全过程。

二、市场需求分析在产品设计中的应用

在当前的商业环境中，产品设计不仅是技术与艺术的结合，更是对市场需求的深度理解与精准把握。市场需求分析作为产品设计过程中的关键环节，其应用对产品的成功与否具有决定性的影响。

（一）市场需求分析的基本内涵与重要性

市场需求分析是指通过一系列的市场调研、数据收集和分析方法，深入

了解消费者的需求、偏好以及市场趋势，从而为产品设计提供有力的依据和指导。市场需求分析在产品设计中的重要性主要体现在以下几个方面。

首先，市场需求分析有助于确保产品设计的针对性和有效性。通过对市场的深入剖析，设计师能够准确把握消费者的真实需求，从而设计出更符合市场期待的产品。

其次，市场需求分析有助于提升产品的市场竞争力。通过对比竞争对手的产品特点和市场表现，设计师可以发现自身的不足和潜在的市场机会，进而在设计中形成差异化竞争优势。

最后，市场需求分析有助于推动产品的持续创新。消费者的需求是不断变化的，通过定期的市场需求分析，设计师可以及时发现新的市场趋势和消费者需求，从而推动产品的持续创新和改进。

（二）市场需求分析在产品设计中的具体应用方法

在产品设计过程中，市场需求分析的应用方法多种多样，以下是一些常见的应用方法。

1. 问卷调查与访谈

通过设计问卷或进行面对面访谈，收集消费者对产品的意见、建议和期望。这种方法可以直接获取消费者的真实反馈，为产品设计提供直接的参考。

2. 竞品分析

对市场上的同类产品进行深入的分析和比较，了解其产品特点、优缺点以及市场定位。通过竞品分析，设计师可以发现自身的不足和潜在的市场机会，从而设计出更具竞争力的产品。

3. 数据分析与挖掘

利用大数据技术对消费者的购买行为、浏览记录等信息进行深度挖掘和分析。通过数据分析，设计师可以发现消费者的潜在需求和购买偏好，为产品设计提供有力的数据支持。

4. 用户体验测试

邀请潜在用户对产品原型进行体验测试，收集他们在使用过程中的反馈和建议。用户体验测试可以帮助设计师发现产品设计中的问题和不足，从而及时进行改进和优化。

（三）市场需求分析在产品设计中的实际应用案例

以智能手机设计为例，市场需求分析在其中的应用尤为突出。设计师首先通过问卷调查和访谈了解消费者对智能手机的主要需求，如性能、外观、拍照功能等。然后，通过对市场上同类产品的竞品分析，设计师可以发现自身产品的优势和不足，从而在产品设计中进行有针对性的改进。此外，设计师还可以利用大数据技术对消费者的购买行为和浏览记录进行分析，发现消费者的潜在需求和购买偏好，为产品设计和市场推广提供有力的数据支持。

在实际应用中，市场需求分析还需要与设计师的创意和专业技能相结合。设计师需要在深入理解市场需求的基础上，发挥自己的创意和专业技能，将市场需求转化为具有创新性和实用性的产品设计。同时，设计师还需要与市场营销团队紧密合作，确保产品设计能够符合市场定位和品牌形象，实现产品的最大化商业价值。

（四）市场需求分析对产品设计的优化与提升

市场需求分析在产品设计中的应用不仅有助于提升产品的市场竞争力，还能够推动产品的持续优化与提升。通过对市场的持续关注和分析，设计师可以及时发现市场的变化和消费者的新需求，从而对产品进行有针对性的改进和升级。这种持续改进的过程可以使产品始终保持与时俱进的状态，满足消费者不断变化的需求。

此外，市场需求分析还有助于企业建立长期的市场竞争优势。通过对市场的深入理解和把握，企业可以形成独特的产品设计和市场定位，从而在激烈的市场竞争中脱颖而出。这种竞争优势不仅可以提升企业的市场份额和盈利能力，还可以为企业的长期发展奠定坚实的基础。

综上所述，市场需求分析在产品设计中的应用具有重要的意义和价值。通过深入的市场需求分析，设计师可以准确把握消费者的需求和市场的变化，从而设计出更符合市场期待的产品。同时，市场需求分析还可以推动产品的持续创新和优化，提升企业的市场竞争力和长期发展能力。因此，在产品设计过程中，企业应充分重视市场需求分析的应用，将其作为提升产品设计和市场竞争力的重要手段。

在未来的产品设计领域，市场需求分析的应用将更加广泛和深入。随着技术的不断进步和市场的不断变化，设计师需要不断学习和掌握新的市场需求分析方法和技术，以更好地满足消费者的需求和市场的变化。同时，企业也需要加强对市场需求分析的投入和支持，为设计师提供更好的市场信息和数据支持，推动产品设计的不断创新和发展。

三、市场趋势预测在产品设计中的引导

在竞争激烈的市场环境中，产品设计的成功与否往往取决于其是否能够精准把握并适应市场趋势。市场趋势预测作为产品设计的重要指引，其准确性和前瞻性对于产品的市场表现具有决定性的影响。

（一）市场趋势预测的内涵与价值

市场趋势预测是指通过对市场数据的收集、分析和解读，结合行业发展趋势、消费者需求变化、技术革新等因素，对未来市场走向进行预测和判断。在产品设计中，市场趋势预测的价值主要体现在以下几个方面。

首先，市场趋势预测有助于设计师提前了解市场的变化和发展方向，从而在产品设计中作出相应的调整和优化。这不仅可以使产品更加符合市场需求，还能提高产品的市场适应性和竞争力。

其次，市场趋势预测可以帮助设计师发现新的市场机会和潜在需求。通过对市场趋势的深入剖析，设计师可以发现消费者尚未满足的需求和市场空白，从而设计出更具创新性和实用性的产品。

最后，市场趋势预测有助于企业制定长远的产品发展战略。通过预测未来市场的走向和趋势，企业可以调整产品策略、优化产品线，实现可持续发展。

（二）市场趋势预测在产品设计中的引导方式

市场趋势预测在产品设计中的引导方式多种多样，以下是一些主要的引导方式。

引领设计方向：市场趋势预测可以为产品设计提供明确的方向指引。通过对未来市场的预测，设计师可以了解消费者对于产品外观、功能、性能等方面的期望和需求，从而在设计中融入这些元素，使产品更加符合市场趋势。

启发创新思维：市场趋势预测可以激发设计师的创新思维。通过对市场趋势的深入分析，设计师可以发现新的设计灵感和创意点，从而打破传统的设计框架，创造出更具创新性的产品。

优化产品策略：市场趋势预测有助于企业优化产品策略。通过对未来市场的预测，企业可以了解市场的竞争格局和潜在风险，从而调整产品组合、定价策略等，实现更好的市场表现。

（三）市场趋势预测在产品设计中的实际应用

在实际的产品设计过程中，市场趋势预测的应用需要结合具体的行业和市场需求进行。以汽车行业为例，随着消费者对环保和节能的重视，新能源汽车市场逐渐兴起。设计师可以通过市场趋势预测了解新能源汽车市场的发展趋势和消费者需求，从而在设计中注重提升车辆的续航里程、降低能耗等方面，以满足市场的期待。

此外，市场趋势预测还可以应用于智能家居、消费电子等领域。随着物联网技术的快速发展，智能家居市场呈现出蓬勃的发展态势。设计师可以通过市场趋势预测了解消费者对智能家居产品的需求和期望，从而在设计中注重提升产品的智能化、便捷性等方面，以满足市场的变化。

（四）市场趋势预测对产品设计的优化与提升

市场趋势预测在产品设计中的应用不仅有助于提升产品的市场竞争力，还能够推动产品的持续优化与提升。通过对市场趋势的持续关注和分析，设计师可以及时发现市场的变化和消费者的新需求，从而对产品进行有针对性的改进和升级。这种持续改进的过程可以使产品始终保持与时俱进的状态，满足消费者不断变化的需求。

同时，市场趋势预测还可以帮助企业制定更为精准的市场定位和产品策略。通过对市场趋势的深入剖析，企业可以了解目标市场的特点和需求，从而制定更为符合市场实际的产品策略和推广方案，提升产品的市场占有率和盈利能力。

（五）市场趋势预测的局限性与挑战

虽然市场趋势预测在产品设计中具有重要的引导作用，但其也存在一定的局限性和挑战。首先，市场趋势预测的准确性受到多种因素的影响，包括数据质量、预测模型的精度、市场变化的不确定性等。因此，在进行市场趋势预测时，需要充分考虑这些因素的影响，以提高预测的准确性。

其次，市场趋势预测需要不断更新和调整。市场是不断变化的，新的技术和消费者需求不断涌现，因此市场趋势预测需要与时俱进，不断更新和调整预测结果。这需要设计师和企业保持敏锐的市场洞察力和反应速度，及时捕捉市场变化并作出相应的调整。

最后，市场趋势预测需要结合实际情况进行应用。不同的行业和市场具有不同的特点和规律，因此在进行市场趋势预测时，需要结合具体情况进行分析和判断。同时，设计师和企业还需要充分考虑自身的资源和能力，制定符合自身实际情况的产品策略和发展规划。

综上所述，市场趋势预测在产品设计中的引导作用不可忽视。通过精准把握市场趋势，设计师可以设计出更符合市场需求的产品，提升产品的竞争力和市场占有率。然而，市场趋势预测也存在一定的局限性和挑战，需要设计师和企业保持敏锐的市场洞察力和反应速度，结合实际情况进行应用。在未来的产品设计领域，随着技术的不断进步和市场的不断变化，市场趋势预测的应用将更加广泛和深入，为产品设计的创新和发展提供有力的支持。

第二节　以文化为核心的设计理念

一、文化元素在产品设计中的融合

产品设计作为现代社会创新和发展的重要领域，不仅是技术和功能的结合，更是文化精神和审美价值的体现。文化元素在产品设计中的融合，不仅能够丰富产品的内涵，提升产品的附加值，还能够满足消费者日益增长的文化需求。

（一）文化元素与产品设计的关联

文化元素是构成文化的基本单位，它包含了历史、传统、习俗、信仰、艺术等多个方面。产品设计则是对产品的形态、结构、功能、材料等方面进行规划和创造的过程。文化元素与产品设计之间有着密切的联系，因为产品作为文化的载体，必然受到文化的影响和制约。同时，产品也是文化传播的重要途径，通过设计可以传递文化信息，弘扬文化精神。

（二）文化元素在产品设计中的融合方式

1. 符号化融合

符号是文化的重要表现形式，具有象征和传达意义的功能。在产品设计中，可以通过将文化符号作为设计元素，融入产品的形态、图案、色彩等方面，从而表达产品的文化内涵。例如，中国的传统图案、纹样、色彩等都可以作为设计元素，在产品设计中展现出浓郁的中国风。

2. 功能性融合

文化元素不仅可以作为产品的装饰元素，还可以与产品的功能相结合，实现功能与文化的双重表达。例如，在一些家居用品设计中，可以融入传统的手工艺技巧，使产品不仅具有实用性，还蕴含丰富的文化内涵。

3. 情感化融合

文化元素往往承载着特定的情感和价值观念，通过将这些元素融入产品设计，可以引发消费者的情感共鸣，增强产品的情感价值。例如，在一些纪念品设计中，可以融入当地的文化特色和历史故事，使产品成为连接过去与现在、传统与现代的桥梁。

（三）文化元素在产品设计中的意义

1. 传承与弘扬文化

文化元素在产品设计中的融合，有助于传承和弘扬传统文化。通过将传统文化元素融入现代产品设计，可以使传统文化在现代社会中焕发新的生机和活力，同时也能够让更多人了解和认识传统文化。

2. 丰富产品内涵

文化元素的融合可以为产品赋予更丰富的内涵和价值。文化元素不仅具有审美价值，还蕴含着深刻的思想和精神内涵。将这些元素融入产品设计，可以使产品更加具有层次感和深度，提升产品的整体品质。

3. 满足消费者文化需求

随着社会的发展和人们生活水平的提高，消费者对产品的文化需求也日益增长。文化元素在产品设计中的融合，可以满足消费者的文化需求，提升产品的附加值和市场竞争力。同时，这也符合当前社会对文化创意产业的重视和支持。

（四）文化元素在产品设计中的实践应用

以中国传统文化为例，其在产品设计中的应用广泛而深入。例如，在茶具设计中，可以融入中国传统的茶文化元素，如紫砂壶、瓷器等材质的选择，以及梅花、竹子等图案的运用，使茶具不仅具有实用性，还蕴含着深厚的文化内涵。此外，在服装、家居用品、电子产品等领域，也可以看到大量中国传统文化元素的融合。

在国际化背景下，文化元素的融合也呈现出多元化的趋势。不同国家和地区的文化元素相互交融，为产品设计提供了更广阔的创新空间。例如，在一些国际品牌的产品设计中，可以看到对中国传统元素的运用和创新，这既是对中国文化的认可和尊重，也为产品设计带来了新的灵感和思路。

（五）文化元素融合的挑战与展望

尽管文化元素在产品设计中的融合具有诸多优势，但也面临着一些挑战。首先，如何在保持传统文化精神的同时，实现与现代设计的有机结合，是一个需要不断探索和实践的问题。其次，不同文化元素的融合也可能引发文化差异和误解，需要设计师具备跨文化的视野和能力。

展望未来，随着全球化和文化多样性的不断发展，文化元素在产品设计中的融合将更加重要和普遍。设计师需要不断挖掘和提炼传统文化元素，同时关注现代审美和消费需求的变化，创造出既具有文化内涵又符合时代精神的产品设计。此外，跨文化交流和合作也将成为推动文化元素融合的重要途径，为产品设计带来更多的创新可能性。

综上所述，文化元素在产品设计中的融合具有重要意义和价值。通过符号化、功能性和情感化等方式的融合，可以传承和弘扬传统文化、丰富产品内涵并满足消费者文化需求。在实践应用中，不同文化元素的交融和创新为产品设计带来了新的思路和灵感。然而，也需要面对挑战并不断探索如何在保持传统文化精神的同时实现与现代设计的有机结合。展望未来，文化元素的融合将在产品设计领域发挥更加重要的作用，推动产品设计的创新和发展。

二、文化内涵在产品设计中的表达

在当今社会，产品设计早已超越了单纯的物质形态创造，更多地承载了深厚的文化内涵。文化内涵是产品设计的灵魂，它使产品具有了独特的魅力，能够引发消费者的情感共鸣，从而实现产品价值的提升。

（一）文化内涵与产品设计的内在联系

文化内涵是一个民族或群体在长期的历史发展过程中形成的，包括价值观念、审美观念、风俗习惯等多个方面。而产品设计则是对产品进行形态、功能、结构等方面的规划和创造，以满足人们的物质和精神需求。文化内涵与产品设计之间存在着紧密的内在联系，主要体现在以下几个方面。

首先，文化内涵为产品设计提供了丰富的创意来源。不同民族和地区的文化内涵各具特色，为设计师提供了无尽的灵感。通过深入挖掘和提炼这些文化内涵，设计师可以创造出独具特色的产品。

其次，文化内涵赋予了产品设计独特的情感价值。产品不仅是物质的载体，更是情感的寄托。通过融入文化内涵，产品可以传递出特定的情感信息，与消费者建立情感联系，从而增强产品的吸引力。

最后，文化内涵有助于提升产品的附加值。在市场竞争日益激烈的今天，产品的文化内涵已经成为衡量产品价值的重要标准之一。具有深厚文化内涵的产品往往能够脱颖而出，获得更高的市场认可。

（二）文化内涵在产品设计中的表达方式

1. 形态表达

形态是产品设计中最直观的表达方式。设计师可以通过对产品形态的塑造，展现出文化内涵的独特魅力。例如，在传统工艺品设计中，设计师可以借鉴传统图案、造型等元素，将其融入产品形态中，使产品呈现出浓郁的文化气息。

2. 色彩表达

色彩是产品设计中重要的视觉元素，它能够直接影响人们的情感和认知。在不同的文化背景下，人们对色彩有着不同的理解和偏好。设计师可以通过运用特定的色彩搭配和色彩象征意义，来传递产品的文化内涵。例如，在中国传统文化中，红色代表着喜庆和吉祥，设计师可以将红色运用到产品设计中，以表达产品的文化内涵。

3. 材质表达

材质是产品设计中不可忽视的因素，它能够直接影响产品的触感和质感。不同的材质往往承载着不同的文化信息。设计师可以通过选择具有文化特色的材质，来增强产品的文化内涵。例如，竹材在中国文化中有着悠久的历史和独特的象征意义，设计师可以将其运用到产品设计中，以表达产品的东方韵味。

4. 功能表达

功能是产品设计的核心，也是文化内涵得以体现的重要载体。设计师可以通过对产品功能的创新和改进，来满足人们的实际需求，并传递出特定的文化内涵。例如，在一些智能家居产品设计中，设计师可以融入中国传统哲学思想中的“天人合一”理念，通过智能化和人性化的设计，实现人与产品的和谐共生。

（三）文化内涵在产品设计中的意义

1. 提升产品价值

文化内涵的融入可以使产品具有更高的附加值和文化价值，从而提升产品的市场竞争力。在消费者日益注重精神文化需求的今天，具有文化内涵的产品往往更能吸引消费者的眼球，获得更高的认可度和忠诚度。

2. 弘扬传统文化

通过产品设计来表达文化内涵，有助于传承和弘扬传统文化。设计师可以将传统文化元素融入现代产品设计中，使传统文化在现代社会中焕发出新的生机和活力。这不仅有助于提升民族文化的自信心和自豪感，也有助于推动文化多样性的发展。

3. 促进跨文化交流

不同文化背景下的产品设计往往具有独特的文化内涵和审美价值。通过产品设计来表达文化内涵，可以促进不同文化之间的交流和理解。这有助于打破文化隔阂，增进国际友谊，推动全球文化的共同繁荣和发展。

综上所述，文化内涵在产品设计中的表达具有重要意义和价值。通过形态、色彩、材质和功能等多种方式的表达，文化内涵可以使产品具有独特的魅力和附加值，提升产品的市场竞争力。同时，文化内涵的融入也有助于传承和弘扬传统文化，促进跨文化交流和理解。因此，在未来的产品设计中，设计师应更加注重文化内涵的挖掘和表达，以创造出更具文化内涵和价值的产品。

三、文化传承在产品设计中的体现

在当今社会，产品设计不仅是一个物质层面的创造过程，它更是一个文化层面的传承与创新过程。文化传承是产品设计的重要组成部分，它赋予了产品独特的文化内涵，使得产品不仅仅是满足人们物质需求的工具，更是传递文化信息、弘扬文化精神的载体。

（一）产品设计中的文化传承概述

文化传承是指将特定文化中的价值观念、思维方式、艺术形式等通过一定方式传递给后代，并使其得以延续和发展的过程。在产品设计领域，文化传承体现为将传统文化元素融入现代产品设计中，使产品既具有现代感，又能够展现出传统文化的魅力。这种融合不仅有助于弘扬传统文化，提升产品的文化内涵，还能够满足消费者对文化产品的需求，推动文化产业的发展。

（二）文化传承在产品设计中的具体体现

1. 形态设计的文化传承

形态是产品设计中最为直观的表达方式之一，也是文化传承的重要载体。设计师可以通过对传统文化元素的提炼和转化，将其融入产品的形态设计中，使产品呈现出独特的文化韵味。例如，在家具设计中，可以借鉴传统家具的造型和线条，运用现代设计手法进行再创作，从而打造出既具有传统美感又符合现代审美需求的家具产品。

2. 色彩运用的文化传承

色彩在产品设计中具有举足轻重的地位，它不仅能够影响产品的视觉效果，还能够传递出特定的文化信息。在文化传承方面，色彩的运用显得尤为重要。设计师可以深入研究传统文化的色彩特点，将其运用到产品设计中，使产品呈现出独特的文化色彩。例如，在中国传统文化中，红色代表着喜庆和吉祥，设计师可以将红色运用到节庆用品的设计中，以体现产品的文化内涵。

3. 材质选择的文化传承

材质是产品设计中不可忽视的因素之一，它直接关系到产品的质感和使用体验。在文化传承方面，材质的选择同样具有重要意义。设计师可以通过选用具有文化特色的材质，使产品呈现出独特的文化气息。例如，在茶具设计中，可以选用紫砂壶、瓷器等具有中国传统文化特色的材质，以体现产品的文化价值。

4. 功能设计的文化传承

功能设计是产品设计的核心，也是文化传承的重要体现。设计师可以在功能设计中融入传统文化元素，使产品不仅具有实用性，还能够传递出文化信息。例如，在智能家居产品设计中，可以融入中国传统哲学思想中的“天人合一”理念，通过智能化和人性化的设计，实现人与产品的和谐共生，从而体现产品的文化内涵。

（三）文化传承在产品设计中的意义与价值

1. 弘扬传统文化

通过产品设计来体现文化传承，有助于弘扬传统文化，使更多的人了解和认识传统文化。产品设计作为现代社会的重要传播媒介，能够将传统文化元素以直观、生动的方式呈现给消费者，从而加深他们对传统文化的理解和认同。

2. 提升产品文化内涵

文化传承的融入能够提升产品的文化内涵，使产品不再是冷冰冰的物质产品，而是具有丰富文化信息的艺术品。这样的产品不仅能够满足消费者的物质需求，还能够满足他们的精神需求，提升产品的整体价值。

3. 促进文化创新与发展

文化传承并不意味着简单的复制和模仿，而是在传承的基础上进行创新和发展。在产品设计中融入文化传承元素，可以激发设计师的创意思维，推动文化创新与发展。同时，这种创新也能够吸引更多消费者关注传统文化，进一步推动文化产业的发展。

（四）文化传承在产品设计中的发展趋势

随着全球化的推进和文化的多元化发展，文化传承在产品设计中的体现将呈现出更加多样化和深入化的趋势。一方面，设计师将更加注重挖掘传统文化中的深层内涵和精神价值，将其与现代设计理念相结合，创造出更加具有文化内涵和独特性的产品；另一方面，随着科技的不断发展，新技术、新材料的应用也将为文化传承在产品设计中的体现提供更多可能性。

综上所述，文化传承在产品设计中的体现具有重要的意义和价值。通过形态设计、色彩运用、材质选择和功能设计等多个方面的融合与创新，设计师可以将传统文化元素以现代的方式呈现出来，使产品不仅具有实用性和美观性，更能够传递出深厚的文化内涵。这不仅有助于弘扬传统文化，提升产品的文化内涵和价值，还能够推动文化创新与发展，为社会的进步和繁荣作出贡献。因此，在未来的产品设计中，我们应该更加注重文化传承的融入与创新，让传统文化在现代社会中焕发出新的生机与活力。

第三节 以创新为驱动的设计理念

一、创新驱动在产品设计中的作用

在当今快速发展的时代背景下，创新已成为推动各行各业前进的核心动力。尤其在产品设计领域，创新驱动的作用愈发凸显，它不仅提升了产品的市场竞争力，还促进了产业的持续健康发展。

（一）创新驱动在产品设计中的内涵与意义

创新驱动是指在产品设计过程中，通过引入新技术、新理念、新材料等手段，实现产品的功能、形态、结构等方面的创新，以满足市场需求并提升产品价值。在全球化竞争日益激烈的今天，产品创新已成为企业生存和发展的关键。通过创新驱动，企业可以开发出更具竞争力的产品，赢得市场份额，实现可持续发展。

（二）创新驱动在产品设计中的具体作用

1. 提升产品竞争力

创新驱动使产品设计更具独特性和差异化，从而提升产品的市场竞争力。通过引入新技术和创新理念，设计师可以打破传统设计思维的束缚，创造出更具新颖性和实用性的产品。这些产品往往能够吸引消费者的眼球，满足他们的个性化需求，从而在市场中脱颖而出。

2. 推动产业升级

创新驱动不仅作用于单个产品，还能推动整个产业的升级和发展。随着新技术的不断涌现和应用，传统产业正面临着转型升级的压力。通过创新驱动，企业可以开发出更具技术含量和附加值的产品，推动产业向高端化、智能化、绿色化方向发展。这有助于提升整个产业的竞争力和可持续发展能力。

3. 拓展市场空间

创新驱动有助于企业发现新的市场机会和拓展市场空间。通过深入研究消费者需求和市场趋势，设计师可以挖掘出潜在的市场需求，并设计出符合这些需求的产品。这些产品往往能够开辟新的市场领域，为企业带来更多的商业机会和利润增长点。

4. 促进企业创新文化建设

创新驱动还有助于企业培养创新文化，提升员工的创新意识和能力。在产品设计过程中，企业需要鼓励员工积极参与创新活动，提供充分的创新资源和支持。这有助于激发员工的创新热情，培养他们的创新思维和创新能力，从而推动企业的整体创新水平提升。

（三）创新驱动在产品设计中的实践案例

以苹果公司的产品设计为例，其成功在很大程度上归功于创新驱动。苹果公司始终坚持以用户为中心的设计理念，不断引入新技术和创新材料，打造出了一系列具有颠覆性的产品。如 iPhone 智能手机的出现，彻底改变了人们的通讯和娱乐方式；Apple Watch 则引领了智能穿戴设备的发展潮流。这些产品不仅具有独特的设计和卓越的性能，还通过创新的交互方式和用户体验，赢得了消费者的广泛认可和喜爱。

（四）创新驱动在产品设计中的挑战与对策

尽管创新驱动在产品设计中的作用显著，但在实践中也面临着一些挑战。首先，技术创新的速度日新月异，企业需要紧跟时代步伐，不断更新技术和设计理念。其次，市场需求多变且难以预测，企业需要加强市场研究，准确把握消费者需求和市场趋势。此外，在创新过程中还可能面临资金、人才等方面的瓶颈。

针对这些挑战，企业可以采取以下对策：一是加强研发投入，提升自主创新能力；二是建立开放的创新体系，与高校、科研机构等合作，共同推动技术创新；三是加强人才培养和引进，打造高素质的创新团队；四是加强市场调研和用户需求分析，确保产品设计与市场需求紧密结合。

综上所述，创新驱动在产品设计中的作用不容忽视。它不仅能够提升产品的竞争力和附加值，还能推动产业升级和企业创新文化建设。面对激烈的市场竞争和不断变化的市场需求，企业应积极发挥创新驱动的作用，加强技术创新和人才培养，不断推出具有竞争力的新产品，实现可持续发展。同时，政府和社会也应为企业的创新活动提供充分的支持和保障，共同推动产品设计领域的创新和发展。

二、设计创新的策略与方法

在当下社会，设计创新已成为推动行业进步、引领市场潮流的关键因素。它不仅关乎产品的美观与实用，更关乎企业的核心竞争力与未来发展。因此，掌握设计创新的策略与方法，对于设计师和企业来说至关重要。

（一）设计创新的重要性

设计创新是提升产品竞争力、满足市场需求、推动企业发展的核心动力。通过创新设计，企业可以打破传统思维束缚，开发出更具差异化、个性化的产品，从而在激烈的市场竞争中脱颖而出。同时，设计创新还能够提升品牌形象，增强消费者对产品的认知和好感度，为企业赢得更多市场份额。

（二）设计创新的策略

1. 以用户为中心的策略

用户是设计创新的出发点和落脚点。设计师应深入了解用户需求、喜好和行为习惯，以此为基础进行创新设计。通过用户调研、数据分析等手段，发现用户的痛点和潜在需求，进而设计出更符合用户需求的产品。

2. 跨界融合策略

跨界融合是设计创新的重要手段。通过借鉴其他领域的设计理念和元素，将其融入到产品设计中，可以产生出新颖、独特的设计效果。例如，将科技与艺术相结合，可以创造出具有科技感和艺术美感的产品。

3. 可持续发展策略

在环保和可持续发展的时代背景下，设计师应将环保理念融入产品设计中，推动绿色设计的发展。通过采用环保材料、优化产品设计结构等方式，降低产品对环境的影响，实现经济效益和社会效益的双赢。

（三）设计创新的方法

1. 头脑风暴法

头脑风暴法是一种集体讨论、激发创意的方法。通过组织团队成员进行自由发言、互相启发，可以产生出大量创意点子。在头脑风暴过程中，应鼓励成员积极发言、敢于提出不同意见，同时也要注意对创意进行筛选和评估，确保其实用性和可行性。

2. 原型测试法

原型测试法是通过制作产品原型并进行实际测试，以验证设计效果和改进设计方案的方法。通过制作简易的产品原型，邀请用户进行试用和反馈，设计师可以及时发现设计中存在的问题和不足，并进行针对性改进。这种方法有助于减少设计风险、提高设计效率。

3. 迭代设计法

迭代设计法是一种通过不断试错、优化来完善设计的方法。设计师在初步设计方案的基础上，通过反复测试、修改和完善，逐步提升设计质量和用户体验。这种方法需要设计师具备敏锐的洞察力和耐心，能够及时发现并解决问题，推动设计方案的持续改进。

（四）设计创新中的注意事项

1. 保持敏锐的洞察力

设计师应保持对市场、技术和文化的敏锐洞察力，及时发现和捕捉创新机遇。同时，也要关注用户的反馈和需求变化，及时调整设计策略和方法，确保设计创新与实际需求紧密结合。

2. 注重实践与积累

设计创新需要不断实践和积累。设计师应积极参与实际项目，通过实际操作来锻炼自己的设计能力和创新思维。同时，也要注重总结和分享经验教训，不断积累设计创新的经验和知识。

3. 跨界合作与交流

设计创新需要跨界合作与交流。设计师应积极与其他领域的设计师、专家进行合作，共同探索创新设计的可能性。通过跨界合作与交流，可以拓宽设计视野、汲取灵感和创意，推动设计创新的深入发展。

设计创新是一个复杂而持续的过程，需要设计师和企业付出大量的努力和时间。通过掌握设计创新的策略与方法，我们可以更好地应对市场挑战、满足用户需求、推动企业发展。在未来的发展中，设计创新将继续发挥重要作用，引领行业进步和社会发展。因此，我们应不断学习和探索设计创新的理念和方法，以应对不断变化的市场需求和用户期待。

同时，我们也需要认识到设计创新并非一蹴而就的过程，它需要我们保持敏锐的洞察力、注重实践与积累、跨界合作与交流。只有这样，我们才能在激烈的市场竞争中保持领先地位，为用户带来更加优秀的产品和服务。

总之，设计创新是推动行业进步和社会发展的关键因素。通过掌握设计创新的策略与方法，我们可以不断提升设计水平和创新能力，为企业赢得更多市场机会和竞争优势。在未来的发展中，我们应继续关注和探索设计创新的发展趋势和前沿技术，以应对未来市场的挑战和机遇。

三、创新成果在产品设计中的转化

在科技迅猛发展的今天，创新已成为推动社会进步的重要动力。在产品设计领域，创新成果的应用与转化更是显得尤为重要。创新成果能够赋予产品全新的功能和形态，提升产品的市场竞争力和用户体验。

（一）创新成果在产品设计中的重要性

创新成果是科学研究和技术开发的重要产物，它们代表了最新的科技进展和思维突破。在产品设计中，创新成果的应用能够打破传统的设计局限，为产品带来前所未有的变革。通过引入新材料、新技术和新理念，创新成果能够提升产品的性能、降低成本、优化用户体验，从而增强产品的市场竞争力。

（二）创新成果在产品设计中的转化过程

1. 创新成果的筛选与评估

在将创新成果应用于产品设计之前，首先需要对这些成果进行筛选和评估。设计师需要关注与产品设计相关的最新科技动态和研究成果，从中筛选出具有潜在应用价值的创新成果。同时，还需要对这些成果进行技术可行性、经济性和市场接受度的评估，以确保其能够在实际应用中发挥作用。

2. 创新成果与产品设计的融合

将创新成果与产品设计相融合是转化过程的关键环节。设计师需要深入了解创新成果的技术原理和应用特点，将其与产品的功能需求、形态设计和用户体验相结合。通过巧妙的设计构思和创意表达，将创新成果转化为具有实际价值的产品设计元素。

3. 设计方案的优化与调整

在创新成果与产品设计融合的过程中，设计师可能会遇到各种技术难题和设计挑战。这时，需要对设计方案进行反复的优化和调整，以确保创新成果能够顺利转化为产品设计的实际成果。这包括解决技术难题、优化产品性能、提升用户体验等方面的工作。

4. 原型制作与测试验证

为了验证创新成果在产品设计中的实际效果，需要进行原型制作和测试验证。通过制作产品原型，可以直观地展示创新成果在产品设计中的应用效果。同时，通过测试验证，可以评估产品的性能、稳定性和用户体验等方面的表现，为后续的改进和优化提供依据。

（三）创新成果在产品设计中的转化案例

以智能手机为例，其设计过程中融入了众多创新成果。如指纹识别技术、面部识别技术、柔性屏技术等，这些创新成果的应用使得智能手机在安全性、便捷性和用户体验等方面得到了显著提升。同时，随着 5G 技术的普及和应用，智能手机在数据传输速度和网络连接稳定性方面也取得了重大突破。这些创新成果的转化应用不仅提升了智能手机的市场竞争力，也推动了整个移动通信行业的进步。

（四）创新成果在产品设计转化中的挑战与对策

尽管创新成果在产品设计中的转化具有巨大的潜力和价值，但在实际操作过程中也面临着一些挑战。首先，技术可行性是制约创新成果转化的关键因素之一。有些创新成果虽然具有很高的理论价值，但在实际应用中可能存在技术难题或成本过高的问题。针对这一问题，设计师需要加强与科研人员的沟通合作，共同攻克技术难关，降低应用成本。

其次，市场接受度也是影响创新成果转化的重要因素。由于消费者的使用习惯和认知差异，一些创新成果可能难以被市场接受。因此，设计师需要在产品设计过程中充分考虑用户需求和体验，确保创新成果的应用能够符合用户的期望和习惯。同时，还需要通过市场调研和用户反馈等方式，及时调整设计策略，提高市场接受度。

此外，知识产权保护也是创新成果转化过程中需要关注的重要问题。设计师需要充分了解相关法律法规，确保创新成果的应用不会侵犯他人的知识产权。同时，还需要积极申请专利保护，维护自身的合法权益。

创新成果在产品设计中的转化是一个复杂而富有挑战性的过程。通过筛选评估创新成果、将其与产品设计相融合、优化调整设计方案、制作测试原型等步骤，我们可以将创新成果有效地转化为具有市场竞争力的产品设计。然而，在这一过程中也面临着技术可行性、市场接受度和知识产权保护等挑战。因此，我们需要不断加强科研与设计的结合，提高创新成果的应用水平，推动产品设计领域的持续创新与发展。

展望未来，随着科技的不断进步和市场的不断变化，创新成果在产品设计中的转化将呈现出更加广阔的前景和更加丰富的可能性。我们期待看到更多具有创新性和实用性的产品设计问世，为人类的生活带来更多便利和美好。

第四节　以可持续发展为目标的设计理念

一、可持续发展理念在产品设计中的贯彻

在当今社会，可持续发展已成为全球共同关注的重要议题。产品设计作为推动社会进步和发展的重要力量，更需要深入贯彻可持续发展理念。可持续发展理念强调在满足当代人需求的同时，不损害未来世代的发展权益，注重经济、社会和环境的协调发展。

（一）可持续发展理念在产品设计中的重要性

在产品设计领域，贯彻可持续发展理念具有重要意义。首先，可持续发展理念有助于推动产品创新，提升产品的市场竞争力。通过引入环保材料、节能技术和循环设计理念，设计师可以开发出更加环保、高效和可持续的产品，满足消费者对绿色、健康生活的需求。其次，可持续发展理念有助于降低产品设计对环境的负面影响。通过优化产品设计结构、减少资源消耗和降低废弃物排放，可以实现对环境的友好型设计，减轻对地球资源的压力。最后，可持续发展理念有助于提高企业的社会责任感和品牌形象。积极贯彻可持续发展理念的企业更容易获得消费者的认可和支持，从而提升企业的市场地位和声誉。

（二）可持续发展理念在产品设计中的贯彻策略

1. 选用环保材料

在产品设计过程中，选用环保材料是贯彻可持续发展理念的重要措施之一。设计师应优先选择可再生、可回收或低污染的材料，减少对有限资源的依赖。同时，还要关注材料的生产过程，选择那些能源消耗低、排放少的生产方式，降低材料生产对环境的影响。

2. 优化产品设计结构

优化产品设计结构是降低产品对环境影响的关键步骤。设计师应在满足产品功能需求的前提下，尽量减少产品的体积和重量，降低材料消耗。同时，还要关注产品的使用寿命和可维护性，延长产品的使用寿命，减少废弃物的产生。

3. 引入节能技术

节能技术是产品设计中实现可持续发展理念的重要手段。设计师可以通过引入先进的节能技术，降低产品在使用过程中的能源消耗。例如，采用高效的电机、LED 灯具等节能设备，优化产品的能源利用效率。此外，还可以考虑利用可再生能源，如太阳能、风能等，为产品提供清洁能源。

4. 循环设计理念的应用

循环设计理念强调产品的可回收、可再利用和可再制造性。在产品设计过程中，设计师应充分考虑产品的生命周期，设计易于拆卸和回收的产品结构。同时，还要关注废弃物的处理和再利用，推动形成闭环的循环经济体系。

（三）可持续发展理念在产品设计中的实践案例

以电动汽车为例，其设计充分体现了可持续发展理念。电动汽车采用环保材料制造车身，减少了传统汽车制造过程中对环境的污染。同时，电动汽车利用电池作为动力源，降低了对石油资源的依赖，减少了尾气排放。此外，电动汽车的回收和再利用也得到了充分考虑，通过回收电池和其他零部件，实现了资源的循环利用。

（四）可持续发展理念在产品设计中的挑战与对策

尽管可持续发展理念在产品设计中的贯彻具有重要意义，但在实际操作过程中也面临着一些挑战。首先，环保材料和节能技术的成本相对较高，可能增加产品的制造成本。对此，政府和企业可以通过政策扶持和技术创新来降低成本，推动可持续发展理念在产品设计中的广泛应用。其次，消费者对绿色产品的认知度和接受度有待提高。因此，设计师和企业需要加强对绿色产品的宣传和推广，提高消费者的环保意识和购买意愿。最后，企业在贯彻可持续发展理念时可能面临短期经济利益与长期社会效益之间的矛盾。为了解决这个问题，企业需要树立长远的发展眼光，将可持续发展理念融入企业的战略规划和日常运营中，实现经济效益和社会效益的双赢。

综上所述，可持续发展理念在产品设计中的贯彻具有重要意义。通过选用环保材料、优化产品设计结构、引入节能技术和应用循环设计理念等措施，设计师可以开发出更加环保、高效和可持续的产品。同时，政府、企业和消费者也需要共同努力，推动可持续发展理念在产品设计中的深入贯彻，为实现人类社会的可持续发展贡献力量。

展望未来，随着科技的不断进步和环保意识的日益提高，可持续发展理念在产品设计中的贯彻将更加深入和广泛。我们期待看到更多具有创新性和实用性的绿色产品问世，为人类的生活带来更多便利和美好。

二、环保材料在产品设计中的应用

随着全球环境问题日益严重，环保和可持续发展已成为当今社会的重要议题。在这一背景下，环保材料在产品设计中的应用显得尤为关键。环保材料不仅有助于降低产品对环境的负面影响，还能提升产品的品牌形象和市场竞争力。

（一）环保材料在产品设计中的重要性

在产品设计过程中，环保材料的选择和应用具有重要意义。首先，环保材料有助于降低产品对环境的污染。传统的产品设计往往使用大量非可再生资源和有害化学物质，这些材料在生产、使用和废弃过程中会对环境造成严重的污染。而环保材料则具有低污染、低能耗、可回收等特点，能够显著减少对环境的负面影响。

其次，环保材料有助于提升产品的品牌形象和市场竞争力。随着消费者对环保意识的提高，越来越多的消费者倾向于选择环保、健康的产品。因此，使用环保材料不仅可以满足消费者的需求，还能提升产品的品牌形象和市场竞争力。

最后，环保材料的应用有助于推动社会的可持续发展。通过采用环保材料，可以减少对自然资源的过度消耗，促进资源的循环利用，从而实现经济、社会和环境的协调发展。

（二）环保材料在产品设计中的应用实例

1. 生物降解材料

生物降解材料是一种能在自然环境中被微生物分解的材料。在产品设计中，生物降解材料可以替代传统的塑料材料，用于制造包装、餐具等一次性用品。这种材料的使用可以减少塑料垃圾的产生，降低对环境的污染。

2. 可再生材料

可再生材料是指那些可以通过自然生长或循环再生获得的材料，如竹子、木材、麻纤维等。在产品设计中，这些材料可以用于制造家具、装饰品等。使用可再生材料不仅可以减少对有限资源的依赖，还能降低生产过程中的能耗和排放。

3. 回收再利用材料

回收再利用材料是指那些经过回收、处理后再用于产品制造的材料。在产品设计中，可以通过使用回收金属、玻璃、纸张等材料来减少对新资源的需求。同时，设计师还可以考虑产品的可拆卸性设计，便于产品的回收和再利用。

（三）环保材料在产品设计中的挑战与对策

尽管环保材料在产品设计中的应用具有重要意义，但在实际操作过程中也面临着一些挑战。首先，环保材料的成本通常较高，这可能会增加产品的制造成本。为了应对这一挑战，政府和企业可以通过政策扶持和技术创新来降低环保材料的成本，推动其在产品设计中的广泛应用。

其次，环保材料的性能可能不如传统材料。因此，设计师在选择环保材料时需要在性能、成本和环境影响之间进行权衡。同时，设计师还可以通过创新设计方法来优化产品的结构和功能，以弥补环保材料在性能上的不足。

此外，消费者对环保材料的认知度和接受度也是一个挑战。为了解决这个问题，企业和设计师需要加强对环保材料的宣传和推广，提高消费者对环保材料的认识和了解。同时，还可以通过开展环保教育活动、举办环保产品展览等方式来增强消费者的环保意识。

（四）环保材料在产品设计中的发展趋势

随着科技的不断进步和环保意识的日益提高，环保材料在产品设计中的应用将呈现出以下发展趋势。

1. 多样化与创新性

未来，环保材料的种类将更加多样化，包括新型生物降解材料、高性能可再生材料、智能化环保材料等。这些材料将为设计师提供更多选择和可能性，推动产品创新设计的发展。

2. 高效性与可持续性

环保材料的研究将更加注重其高效性和可持续性。通过优化材料的生产工艺和性能，降低其能耗和排放，实现更加环保和高效的产品设计。

3. 智能化与集成化

随着物联网、大数据等技术的发展，环保材料将实现智能化和集成化。例如，通过嵌入传感器和智能芯片，环保材料可以实时监测产品的使用状态和环境影响，为产品的优化设计和回收再利用提供数据支持。

环保材料在产品设计中的应用是实现可持续发展和环境保护的重要手段。通过选择和应用生物降解材料、可再生材料和回收再利用材料等环保材料，可以降低产品对环境的负面影响，提升产品的品牌形象和市场竞争力。虽然在实际应用中面临一些挑战，但通过政策扶持、技术创新和消费者教育等措施，可以推动环保材料在产品设计中的广泛应用。未来，随着科技的不断进步和环保意识的提高，环保材料在产品设计中的应用将呈现出多样化、高效性、智能化和集成化的发展趋势。

三、节能减排在产品设计中的实践

随着全球气候变化和资源枯竭问题的日益严重，节能减排已经成为现代社会发展的重要议题。作为推动社会创新和发展的重要力量，产品设计在节能减排方面扮演着至关重要的角色。

（一）节能减排在产品设计中的意义

节能减排在产品设计中的实践具有重要意义。首先，它有助于降低产品对环境的影响。通过优化产品设计，减少能源消耗和降低废弃物排放，可以实现对环境的友好型设计，减轻对地球资源的压力。其次，节能减排的实践有助于提升产品的市场竞争力。随着消费者对环保和节能意识的提高，具备节能减排特点的产品更容易受到市场的青睐，从而提升企业的品牌形象和市场地位。最后，节能减排的实践有助于推动社会的可持续发展。通过推广和应用节能减排技术，可以减少能源消耗和环境污染，促进经济、社会和环境的协调发展。

（二）节能减排在产品设计中的实践方法

1. 优化产品设计结构

优化产品设计结构是实现节能减排的重要手段之一。设计师可以通过简化产品结构、减少冗余部件、提高材料利用率等方式，降低产品的能耗和物耗。同时，还需要关注产品的使用寿命和可维护性，延长产品的使用寿命，减少因频繁更换而产生的资源浪费。

2. 选用节能技术和材料

在产品设计过程中，选用节能技术和材料是实现节能减排的关键步骤。设计师应优先选择高效、低能耗的电机、灯具等设备，以及具有优良保温、隔热性能的材料，降低产品在使用过程中的能源消耗。此外，还可以考虑采用可再生能源技术，如太阳能、风能等，为产品提供清洁能源。

3. 强化产品的能源管理

产品的能源管理是节能减排实践的重要环节。设计师可以通过引入智能控制技术，实现产品的能耗监测和自动调节，提高产品的能源利用效率。同时，还可以通过优化产品的运行模式，减少不必要的能源消耗，降低产品的运行成本。

（三）节能减排在产品设计中的案例分析

以电动汽车为例，其设计充分体现了节能减排的实践。电动汽车采用高效电机和电池技术，相比传统燃油汽车具有更低的能耗和排放。同时，电动汽车的轻量化设计也减少了材料消耗和运输成本。此外，电动汽车的智能充电系统可以根据电网负荷情况自动调节充电时间和功率，避免了对电网的冲击和浪费。

再以智能家电为例，其设计也充分贯彻了节能减排的理念。智能家电通过引入智能控制技术，实现了对能耗的精确监测和自动调节。例如，智能空调可以根据室内温度自动调节运行模式和风速，避免能源浪费；智能冰箱则可以通过优化制冷系统和保温材料，降低能耗和碳排放。

（四）节能减排在产品设计中的挑战与对策

尽管节能减排在产品设计中的实践具有重要意义，但在实际操作过程中也面临着一些挑战。首先，节能技术和材料的成本相对较高，可能增加产品的制造成本。对此，政府可以通过政策扶持和资金补贴来降低企业的研发成本和市场风险，推动节能减排技术的广泛应用。其次，消费者对节能产品的认知度和接受度有待提高。因此，设计师和企业需要加强对节能产品的宣传和推广，提高消费者的环保意识和购买意愿。最后，企业在推广节能减排产品时可能面临短期经济利益与长期社会效益之间的矛盾。为了解决这个问题，企业需要树立长远的发展眼光，将节能减排理念融入企业的战略规划和日常运营中，实现经济效益和社会效益的双赢。

综上所述，节能减排在产品设计中的实践具有重要意义。通过优化产品设计结构、选用节能技术和材料、强化产品的能源管理等方法，设计师可以开发出更加环保、高效和节能的产品。同时，政府、企业和消费者也需要共同努力，推动节能减排理念在产品设计中的深入贯彻和广泛应用。随着科技的不断进步和环保意识的日益提高，相信未来会有更多具备节能减排特点的产品问世，为人类社会的可持续发展贡献力量。

第五节　以用户体验为中心的设计理念

一、用户体验在产品设计中的重要性

随着科技的飞速发展和市场竞争的日益激烈，产品设计的关注点不再仅局限于功能的实现和外观的美观，而更多地转向了用户体验。用户体验是指用户在使用产品或服务过程中所感受到的整体效果，它涵盖了用户与产品交互的方方面面，对于产品的成功与否具有至关重要的作用。

（一）用户体验与产品设计的紧密关系

用户体验与产品设计之间存在着密不可分的关系。产品设计是创造和规划产品的过程，而用户体验则是这一过程中不可或缺的一环。设计师通过深入了解用户需求和行为习惯，将用户体验融入产品设计的每一个环节，从而确保产品能够满足用户的期望和需求。同时，用户体验的优劣也直接影响着产品设计的成功与否。一个优秀的产品设计必须能够提供出色的用户体验，否则即使功能再强大、外观再美观，也难以赢得用户的青睐。

（二）用户体验在产品设计中的重要性体现

1. 提升产品竞争力

在市场竞争日益激烈的今天，产品的竞争力不仅取决于其功能和性能，更在于其能否为用户带来良好的体验。一个具有良好用户体验的产品，能够更容易地吸引用户的注意力，提高用户的满意度和忠诚度。相反，一个用户

体验不佳的产品，即使拥有再先进的技术和再完美的功能，也难以在市场中立足。因此，用户体验的优劣直接关系到产品的竞争力。

2. 促进产品创新和优化

用户体验是产品设计的重要反馈机制。通过收集和分析用户在使用产品过程中的反馈和意见，设计师可以了解用户的需求和痛点，进而对产品进行创新和优化。这种基于用户体验的设计迭代过程，能够使产品不断完善和进步，更好地满足用户的需求和期望。

3. 增强品牌形象和价值

一个具有良好用户体验的产品，能够提升品牌的形象和价值。用户在使用产品过程中感受到的便捷、舒适和愉悦，会转化为对品牌的信任和好感。这种正面的情感连接，有助于提升品牌的知名度和美誉度，增强品牌的竞争力。同时，良好的用户体验还能够激发用户的口碑传播，进一步扩大品牌的影响力。

4. 降低用户的学习成本和使用难度

优秀的用户体验设计能够简化产品的操作流程，降低用户的学习成本和使用难度。通过合理的界面布局、清晰的导航设计及智能化的交互方式，设计师能够帮助用户更快地熟悉和掌握产品的使用方法，提高用户的使用效率和满意度。

（三）如何在产品设计中注重用户体验

1. 深入了解用户需求和行为习惯

设计师需要通过市场调研、用户访谈等方式，深入了解用户的需求和行为习惯。只有真正了解用户的需求和痛点，才能设计出更符合用户期望的产品。

2. 注重细节和人性化设计

细节决定成败，人性化设计是提升用户体验的关键。设计师需要在产品设计的每一个环节都注重细节处理，确保产品的每一个部分都能够为用户提供便捷、舒适和愉悦的使用体验。

3. 持续收集和分析用户反馈

用户反馈是优化产品设计的重要依据。设计师需要建立有效的用户反馈机制，及时收集和分析用户在使用产品过程中的意见和建议，以便对产品进行有针对性的优化和改进。

综上所述，用户体验在产品设计中的重要性不言而喻。设计师和企业应该充分认识到用户体验对于产品成功的关键作用，将用户体验作为产品设计的核心要素之一，不断提升产品的用户体验水平。只有这样，才能在激烈的市场竞争中脱颖而出，赢得用户的信任和青睐。同时，随着科技的不断进步和市场的不断发展，用户体验设计也将面临更多的挑战和机遇。设计师需要不断学习和探索新的设计理念和技术手段，以适应不断变化的市场需求和用户期望。

二、用户研究在产品设计中的应用

在当今日益激烈的市场竞争中，产品设计已不仅仅局限于功能的实现和外观的美观，更多地开始关注用户的需求和体验。用户研究作为产品设计中的重要一环，旨在深入了解用户的真实需求、行为习惯以及期望，从而为设计师提供有力的依据，指导产品设计的方向。

（一）用户研究在产品设计中的意义

用户研究在产品设计中的意义主要体现在以下几个方面。

首先，用户研究有助于设计师深入了解用户的真实需求和痛点。通过用户访谈、问卷调查、用户观察等方法，设计师可以获取第一手资料，了解用户在使用现有产品过程中遇到的问题和不便，从而有针对性地改进产品，提升用户体验。

其次，用户研究有助于设计师发现潜在的市场机会。通过对用户需求的深入挖掘和分析，设计师可以发现市场上尚未满足的需求点，从而开发出更具竞争力的新产品，满足用户的潜在需求。

此外，用户研究还有助于提升产品的可用性和易用性。通过了解用户的行为习惯和交互偏好，设计师可以设计出更符合用户认知和使用习惯的产品界面和操作流程，降低用户的学习成本和使用难度。

（二）用户研究在产品设计中的方法

用户研究在产品设计中的应用方法多种多样，以下列举几种常用的方法。

用户访谈：通过面对面的交流，设计师可以深入了解用户的真实想法和需求，获取宝贵的用户反馈。

问卷调查：通过设计问卷并发送给目标用户群体，设计师可以收集大量用户的意见和看法，进行统计分析，从而得出具有普遍性的结论。

用户观察：设计师可以通过观察用户在使用产品过程中的行为、表情和动作，了解用户的使用习惯和痛点，为产品设计提供直接的参考。

用户测试：在产品设计过程中，邀请用户参与测试，观察他们在使用产品时的反应和表现，从而发现产品存在的问题和不足，及时进行改进。

（三）用户研究在产品设计中的应用实例

以智能手机为例，用户研究在产品设计中的应用体现得尤为明显。在智能手机的设计过程中，设计师首先会通过用户访谈和问卷调查等方法，了解用户对手机的外观、性能、功能等方面的需求和期望。然后，设计师会根据用户的反馈，进行产品的初步设计。在设计过程中，设计师还会通过用户观察和用户测试等方法，不断优化产品的界面设计、操作流程和交互方式，以提升用户的使用体验。

另一个例子是智能家居产品。随着人们生活水平的提高，智能家居产品逐渐成为市场的热点。在用户研究方面，设计师会关注用户对智能家居产品的安全性、便捷性、智能化等方面的需求。通过深入了解用户的生活习惯和家居环境，设计师可以设计出更符合用户需求的智能家居产品，如智能照明系统、智能安防系统等，为用户提供更加舒适、便捷的居住环境。

（四）用户研究在产品设计中面临的挑战与对策

尽管用户研究在产品设计中的应用具有重要意义，但在实际操作过程中也面临着一些挑战。首先，用户研究需要投入大量的人力和物力资源，包括设计问卷、组织访谈、进行数据分析等，这对设计师和企业来说是一项不小的负担。其次，用户研究的结果往往具有主观性和不确定性，如何准确解读和应用用户反馈，是设计师需要面对的问题。

为了克服这些挑战，设计师和企业可以采取以下对策：一是加强用户研究团队的建设，提升研究人员的专业素养和技能水平；二是结合多种研究方法进行综合分析，以提高研究结果的准确性和可靠性；三是建立用户反馈机制，持续收集和分析用户在使用产品过程中的反馈意见，以便对产品进行持续改进和优化。

综上所述，用户研究在产品设计中的应用具有重要意义。通过深入了解用户的真实需求和行为习惯，设计师可以设计出更符合用户需求的产品，提升产品的竞争力和市场地位。同时，用户研究也有助于发现潜在的市场机会，为产品的创新和发展提供有力支持。因此，设计师和企业应充分重视用户研究在产品设计中的作用，加强用户研究的应用和实践，不断提升产品的用户体验和市场竞争力。

随着科技的进步和市场的变化，用户研究的方法和手段也在不断更新和发展。未来，设计师和企业需要密切关注市场动态和技术趋势，不断创新和完善用户研究方法，以适应不断变化的市场需求和用户期望。同时，加强用户研究与其他设计环节的融合与协同，形成全方位、多角度的产品设计体系，推动产品设计行业的持续发展和进步。

三、用户反馈在产品设计中的优化

随着市场竞争的日益激烈，产品设计的成功与否在很大程度上取决于用户的使用体验和满意度。用户反馈作为获取用户使用体验的重要途径，对于产品设计的优化具有至关重要的作用。

（一）用户反馈在产品设计中的重要性

用户反馈是用户在使用产品后，对产品性能、功能、外观等方面所表达的意见和建议。这些反馈直接反映了用户对产品的满意度和期望，为产品设计的优化提供了宝贵的参考。通过用户反馈，设计师可以了解产品的优点和不足，发现潜在的问题和改进空间，进而对产品进行有针对性的优化，提升用户体验和满意度。

（二）用户反馈的获取方式

要获取用户反馈，设计师可以通过多种途径进行收集。以下是一些常用的获取用户反馈的方式。

问卷调查：通过设计问卷，向用户发送并收集他们对产品的评价和建议。问卷可以包含多选题、单选题、开放性问题等多种形式，以便更全面地了解用户的反馈。

用户访谈：通过面对面的交流，深入了解用户对产品的看法和感受。访谈可以针对特定用户群体进行，以获取更具代表性的反馈。

在线评论和论坛：关注用户在产品相关的在线平台上的评论和讨论，从中提取有价值的反馈信息。

社交媒体监测：通过监测社交媒体上关于产品的讨论和话题，了解用户的实时反馈和意见。

（三）用户反馈的分析与应用

收集到用户反馈后，设计师需要对其进行分析和应用。以下是一些建议。

分类整理：将用户反馈按照主题进行分类整理，如功能需求、性能问题、外观建议等，以便更清晰地了解用户的关注点和需求。

优先级排序：根据反馈的重要性和紧急性，对用户反馈进行优先级排序。优先处理那些对用户体验影响较大的问题，以提升产品的整体质量。

数据挖掘与可视化：运用数据分析工具对用户反馈进行挖掘和可视化展示，发现潜在的趋势和规律，为设计优化提供有力支持。

结合其他数据：将用户反馈与其他数据源（如用户行为数据、销售数据等）进行结合分析，以获得更全面的产品优化视角。

（四）用户反馈在产品设计中的优化策略

基于用户反馈的分析结果，设计师可以采取以下策略对产品设计进行优化。

功能优化：根据用户反馈，对产品功能进行改进和增强，以满足用户的实际需求。例如，增加用户期望的新功能、优化现有功能的操作流程等。

性能提升：针对用户反馈的性能问题，进行技术改进和优化，提高产品的稳定性和响应速度。例如，优化产品的加载速度、减少卡顿现象等。

界面改进：根据用户对界面设计的反馈，调整产品的布局、色彩、字体等元素，提升界面的美观性和易用性。例如，简化操作流程、优化按钮布局等。

用户体验提升：从用户的角度出发，关注产品的整体使用体验。通过优化交互设计、提升响应速度、降低学习成本等方式，提高用户的满意度和忠诚度。

迭代更新：将用户反馈作为产品迭代更新的重要依据，定期推出新版本以满足用户不断变化的需求。同时，通过持续的用户反馈收集和分析，不断优化产品设计和功能。

（五）面临的挑战与对策

在运用用户反馈优化产品设计的过程中，设计师可能会面临一些挑战。例如，用户反馈可能存在主观性和不确定性，需要设计师进行客观分析和判断；同时，用户反馈的收集和分析需要投入大量的人力和物力资源，需要设计师合理安排时间和资源。

为了应对这些挑战，设计师可以采取以下对策：一是加强用户反馈的筛选和验证，确保反馈的真实性和有效性；二是利用现代技术手段提高用户反馈收集和分析的效率；三是建立持续的用户反馈收集机制，确保及时反馈和优化产品设计。

用户反馈在产品设计中的优化具有至关重要的作用。通过收集、分析用户反馈，设计师可以深入了解用户需求和市场趋势，为产品设计的优化提供有力支持。同时，面对用户反馈的主观性和不确定性等挑战，设计师需要采取有效对策，确保反馈的有效性和准确性。通过不断优化产品设计，提升用户体验和满意度，企业可以在激烈的市场竞争中脱颖而出，赢得更多用户的青睐。

在未来的产品设计中，用户反馈的优化将继续发挥重要作用。随着技术的进步和市场的变化，用户反馈的获取和分析手段也将不断创新和完善。设计师需要保持敏锐的洞察力和创新精神，紧跟市场趋势和用户需求的变化，不断优化产品设计，为企业创造更大的价值。

第五章　旅游文创产品的材料选择与工艺创新

第一节　旅游文创产品材料的种类与特性

一、传统材料的种类与特性

传统材料作为人类社会发展的基石，一直以来都扮演着重要的角色。它们的种类繁多，特性各异，广泛应用于建筑、交通、能源、电子等各个领域。

（一）传统材料的种类

传统材料的种类繁多，主要包括以下几类。

金属材料：金属材料是传统材料中最为重要的一类，包括纯金属及它们的合金。金属材料具有良好的导电性、导热性和可加工性，因此，在电气、机械、航空航天等领域得到广泛应用。

无机非金属材料：无机非金属材料是指以某些元素的氧化物、碳化物、氮化物、卤素化合物、硼化物以及硅酸盐、铝酸盐、磷酸盐、硼酸盐等物质组成的材料。这一类别中包括了陶瓷、玻璃等，它们具有高强度、高硬度、高抗腐蚀性等特点，在建筑、化工、医疗等领域有着广泛的应用。

有机高分子材料：有机高分子材料是由一种或几种结构单元多次重复连接起来的化合物，它们的分子量很大，往往可达 10^4～10^6。塑料、橡胶、纤维等均属于这一类别。这些材料具有良好的加工性、绝缘性和耐腐蚀性，因此在日常生活和工业生产中占据重要地位。

此外，传统材料还包括一些天然材料，如木材、石材等。这些材料在人类历史长河中一直发挥着不可替代的作用，它们的特点在于可再生、环保且具有良好的装饰性。

（二）传统材料的特性

力学性能：传统材料在力学性能方面表现出色。例如，金属材料具有较高的强度和韧性，能够承受较大的外力作用；无机非金属材料如陶瓷则具有高硬度、高耐磨性等特点，适用于制造耐磨、耐腐蚀的部件。

物理性能：传统材料在物理性能方面也具有独特优势。金属材料具有良好的导电性和导热性，是电气和电子领域的关键材料；有机高分子材料则具有优良的绝缘性能，可用于制造电气绝缘材料。

化学性能：传统材料在化学性能方面各有千秋。无机非金属材料如玻璃具有较高的化学稳定性，能够抵抗酸、碱等化学物质的侵蚀；有机高分子材料则具有较好的耐腐蚀性，能够在一定程度上抵抗化学物质的破坏。

加工性能：传统材料通常具有较好的可加工性，易于通过铸造、锻造、切削等工艺成型和加工。这使得传统材料在制造业领域具有广泛的应用空间。

（三）传统材料的应用

传统材料因其独特的性能和广泛的应用领域而备受青睐。在建筑领域，金属材料、无机非金属材料、有机高分子材料被广泛用于房屋结构、门窗、装饰等方面。在交通领域，金属材料是制造汽车、火车、飞机等交通工具的关键材料；无机非金属材料如陶瓷则可用于制造刹车片、火花塞等部件。在能源领域，传统材料在电力、核能等方面发挥着重要作用。在电子领域，金属材料、无机非金属材料、有机高分子材料共同构成了电子产品的基本框架和电路系统。

（四）传统材料的优缺点

传统材料在具备众多优点的同时，也存在一些不足之处。其优点主要表现在性能稳定、应用广泛、加工方便等方面。然而，传统材料也存在一些局限性，如强度不足、耐腐蚀性差等问题。随着科技的不断进步和新材料的不断涌现，传统材料在某些领域的应用可能会受到挑战。

综上所述，传统材料以其独特的种类和特性在各个领域发挥着重要作用。然而，随着科技的进步和社会的发展，人们对材料性能的要求也在不断提高。因此，我们需要不断探索和研究新材料，以满足日益增长的需求。同时，我们也应充分发掘和利用传统材料的潜力，通过改进工艺、优化配方等方式提高其性能和应用范围。相信在未来，传统材料将继续在人类社会发展中发挥重要作用，并与新材料共同推动科技的进步和社会的发展。

二、新型材料的种类与特性

（一）概述

新型材料，作为现代科学技术发展的产物，以其独特的性能和应用领域，正日益受到人们的关注和重视。这些材料不仅具有传统材料所不具备的优异性能，而且在多个领域都有着广泛的应用前景。

（二）新型材料的种类

新型材料的种类繁多，涵盖了多个领域。以下是几种常见的新型材料及其简介。

新型金属材料：这类材料主要包括铝、镁、钛合金、稀有金属等。它们具有轻质、高强度、耐腐蚀等优异性能，被广泛应用于航空航天、汽车制造等领域。

高分子合成材料：高分子合成材料是由有机高分子化合物构成的材料，包括合成橡胶、塑料和化学纤维等。这些材料具有良好的加工性、绝缘性和耐腐蚀性，被广泛应用于电子、电气、建筑等领域。

复合材料：复合材料是由两种或两种以上不同性质的材料，通过物理或化学的方法，在宏观尺度上组成的具有新性能的材料。它们能够综合各组分材料的优点，克服单一材料的缺陷，具有轻质、高强度、高韧性等特点，被广泛应用于航空航天、汽车、体育器材等领域。

新型无机非金属材料：这类材料包括工业陶瓷、光导纤维和半导体材料等。它们具有高硬度、高熔点、耐腐蚀等特点，在电子、通信、医疗等领域有着广泛的应用。

光电子材料：光电子材料是指用于制造光电子器件和系统的材料，包括光源和信息获取材料、信息传递材料、信息存储、信息处理和运算材料等。这些材料在光电子技术、信息技术等领域具有重要的应用价值。

纳米材料：纳米材料是指其结构单元的尺寸介于1～100纳米范围之间。由于纳米材料具有独特的量子尺寸效应、表面效应和宏观量子隧道效应，使得它们在磁、光、电、热等方面具有许多特异的性能和功能。

（三）新型材料的特性

新型材料之所以受到广泛关注，主要是因为它们具有许多独特的性能特点。以下是新型材料的一些主要特性。

高性能：新型材料往往具有优异的物理、化学和机械性能，如高强度、高硬度、高韧性、高耐腐蚀性等。这使得它们在极端环境下仍能保持良好的性能表现。

轻质化：许多新型材料具有轻质化的特点，如铝、镁等轻质金属以及碳纤维复合材料等。这种轻质化不仅可以降低产品的重量，减少能源消耗，还有助于提高产品的运输效率和降低运输成本。

多功能性：新型材料往往具有多种功能，如导电、导热、隔热、光学性能等。这使得它们能够满足不同领域的需求，实现一材多用的效果。

可设计性：新型材料的性能可以通过调整其组成、结构和制备工艺进行设计和优化。这使得新型材料在设计和制造过程中具有更大的灵活性和可控性。

环保性：随着环保意识的提高，越来越多的新型材料开始注重环保性能。它们采用环保的制备工艺和材料，减少了对环境的污染和破坏，同时在使用过程中也具有较高的可回收性和再利用性。

（四）新型材料的应用

新型材料因其独特的性能和特点，在多个领域都有着广泛的应用。以下是几个典型的应用领域。

航空航天领域：新型金属材料、复合材料和光电子材料等在航空航天领域具有广泛的应用。它们可以提高飞行器的性能、减轻重量、提高安全性和可靠性。

汽车制造领域：轻质金属材料、高分子合成材料和复合材料等在汽车制造领域的应用日益广泛。它们可以降低汽车重量、提高燃油效率、增强车辆的安全性和舒适性。

电子信息技术领域：光电子材料和纳米材料等在电子信息技术领域具有重要的应用价值。它们可以用于制造高性能的光电子器件、传感器和集成电路等，推动电子信息技术的发展和创新。

环保和能源领域：新型材料在环保和能源领域的应用也越来越广泛。例如，利用纳米材料开发高效催化剂，提高能源利用效率和减少污染物排放；利用光电子材料开发太阳能光伏电池，实现可再生能源的利用等。

新型材料以其独特的种类和特性，为多个领域的发展和创新提供了有力的支撑。随着科技的不断进步和应用领域的不断拓展，新型材料的性能和功能将不断完善和优化，为人类社会的发展注入新的活力。

展望未来，新型材料的研究和应用将继续深入。一方面，我们需要不断探索新的材料制备技术和工艺，提高新型材料的性能和稳定性；另一方面，我们还需要加强新型材料在不同领域的应用研究和推广，推动其在更广泛的领域发挥作用。同时，我们还应注重新型材料的环保性和可持续性发展，确保其在推动科技进步的同时，也能保护我们的地球家园。

总之，新型材料作为现代科学技术发展的重要成果，将为人类社会带来更加美好的未来。让我们共同期待新型材料在更多领域展现其独特的魅力和价值。

三、材料选择对产品设计的影响

产品设计是一个综合性的过程，它涵盖了多个方面，其中材料选择是至关重要的一环。材料作为产品构成的基础，不仅直接关系到产品的外观、性能、成本，还影响着产品的生产效率、使用寿命以及环保性能。因此，正确地进行材料选择对产品设计具有深远的影响。

（一）材料选择对产品性能的影响

产品的性能是其最核心的竞争力，而材料选择对产品性能的影响是最为直接的。不同的材料具有不同的物理、化学和机械性能，这些性能直接决定了产品的使用效果。例如，金属材料通常具有较高的强度和硬度，适用于制造需要承受较大外力的产品；而塑料材料则具有较好的加工性和绝缘性，适用于制造电子产品和日常用品。因此，在产品设计过程中，需要根据产品的使用环境和功能需求，选择具有合适性能的材料。

（二）材料选择对产品外观的影响

产品的外观是消费者对其第一印象的重要来源，而材料选择对产品外观的影响同样不容忽视。不同的材料具有不同的色泽、光泽和纹理，这些特性将直接反映在产品的外观上。例如，高档的木材和石材能够赋予产品高贵典雅的气质，而金属和玻璃则能带来现代感和科技感。因此，在产品设计过程中，需要根据产品的定位和市场需求，选择合适的材料来营造理想的外观效果。

（三）材料选择对产品成本的影响

材料成本是产品成本的重要组成部分，而材料选择对产品成本的影响也是显而易见的。不同材料的价格差异很大，有些材料价格昂贵，有些则相对便宜。在产品设计过程中，需要在满足性能要求的前提下，尽量选择成本较低的材料，以降低产品的整体成本。同时，还需要考虑材料的加工成本、运输成本以及回收成本等因素，确保产品在整个生命周期内的成本得到有效控制。

（四）材料选择对生产效率的影响

生产效率是企业竞争力的重要体现，而材料选择对生产效率的影响同样不可忽视。不同的材料具有不同的加工性能和成型工艺，这将直接影响到产品的生产效率。例如，一些材料具有良好的可加工性，能够方便地进行切割、焊接、注塑等操作，从而提高生产效率；而有些材料则加工难度较大，需要采用特殊的工艺和设备，这将增加生产成本和降低生产效率。因此，在产品设计过程中，需要充分考虑材料的加工性能和成型工艺，选择能够提高生产效率的材料。

（五）材料选择对环保性能的影响

随着环保意识的日益增强，产品的环保性能也越来越受到重视。材料选择对产品的环保性能具有重要影响。一些材料在生产和使用过程中会产生有害物质，对环境造成污染；而一些新型环保材料则具有低污染、易回收的特点，有利于保护环境。因此，在产品设计过程中，需要关注材料的环保性能，尽量选择符合环保要求的材料，减少产品对环境的影响。

（六）案例分析

以智能手机为例，其材料选择对产品设计的影响尤为显著。智能手机的外观设计需要考虑到美观、轻薄和耐用性等多个方面。在选择外壳材料时，通常会考虑金属、塑料或玻璃等材料。金属材料能带来高档感和坚固性，但成本较高且加工难度大；塑料材料成本较低且易于加工，但可能显得较为廉价；玻璃材料则能带来优雅的光泽感，但易碎且成本也较高。因此，设计师需要在综合考虑性能、成本和外观等因素的基础上，选择合适的材料。

此外，智能手机的内部组件也需要精心选择材料。例如，电池的性能直接影响到手机的续航时间和安全性，因此，需要选择性能稳定、安全性高的电池材料；屏幕材料则需要考虑显示效果、触摸响应和耐刮擦性等因素。这些材料的选择不仅影响到手机的整体性能，还直接关系到用户的使用体验。

综上所述，材料选择对产品设计的影响是多方面的，它涉及到产品的性能、外观、成本、生产效率以及环保性能等多个方面。在产品设计过程中，设计师需要充分考虑材料的各种特性，根据产品的需求和市场环境，做出合理的材料选择。同时，随着科技的不断进步和环保意识的提高，未来产品设计对材料的要求将更加严格和多样化。因此，我们需要不断研究和探索新型材料，以满足产品设计的更高需求。

展望未来，随着可持续发展理念的深入人心，环保材料和可循环材料将在产品设计中扮演越来越重要的角色。同时，随着智能制造和数字化技术的发展，材料的智能化和定制化也将成为产品设计的新趋势。我们将迎来一个更加注重材料选择、更加关注环保和可持续发展的产品设计新时代。

第二节　材料选择对旅游文创产品设计的影响

一、材料选择对产品功能的影响

在产品设计过程中，材料选择是一个至关重要的环节。产品功能作为产品设计的核心，其实现与发挥往往直接依赖于所选材料的性能与特性。因此，材料选择对产品功能的影响是深远的。

（一）材料性能对产品功能的影响

材料的性能是决定产品功能的关键因素之一。不同的材料具有不同的物理、化学和机械性能，这些性能直接决定了产品在使用过程中所表现出的功能特性。例如，金属材料的强度和硬度较高，适用于制造需要承受较大外力的产品，如机械零件、汽车零部件等；而高分子材料则具有较好的弹性和耐磨性，适用于制造需要频繁运动的部件，如轴承、密封件等。因此，在选择材料时，必须充分考虑其性能是否能够满足产品功能的需求。

（二）材料特性对产品功能的影响

除了性能外，材料的特性也会对产品功能产生影响。这些特性可能包括材料的导电性、导热性、磁性、光学性能等。例如，导电材料可用于制造电子产品的电路板和连接线，实现电流的传输和控制；导热材料可用于制造散热器，有效降低产品的温度，提高产品的稳定性和可靠性；磁性材料则可用于制造电机、传感器等部件，实现产品的特定功能。因此，在选择材料时，需要根据产品功能的需求，选择具有合适特性的材料。

（三）材料兼容性对产品功能的影响

在产品设计中，往往需要将多种材料组合使用以实现特定的功能。这时，材料之间的兼容性就显得尤为重要。如果所选材料之间存在不兼容现象，如化学反应、电化学腐蚀等，将会导致产品功能的失效甚至损坏。因此，在选择材料时，必须考虑它们之间的兼容性，确保它们能够相互协调、共同工作。

（四）材料加工性对产品功能的影响

材料的加工性也是影响产品功能的重要因素。一些材料虽然性能优异，但加工难度大、成本高，难以实现复杂的产品结构或形状，从而限制了产品功能的实现。因此，在选择材料时，需要综合考虑其加工性能，选择既满足功能需求又易于加工的材料。

（五）材料成本对产品功能的影响

材料成本是产品制造成本的重要组成部分，也是影响产品功能的重要因素之一。在选择材料时，如果过于追求高性能而忽略成本因素，可能会导致产品成本过高，市场竞争力下降。反之，如果为了降低成本而选择性能较差的材料，则可能无法满足产品功能的需求，导致产品质量下降。因此，在选择材料时，需要在满足功能需求的前提下，尽量控制成本，提高产品的性价比。

（六）案例分析

以电子产品为例，其功能的实现往往依赖于多种材料的组合使用。例如，智能手机的功能包括通话、上网、拍照等，这些功能的实现需要依赖于金属、塑料、玻璃等多种材料。金属材料用于制造手机的框架和内部结构，提供稳定的支撑和保护；塑料材料用于制造手机的外观和按键，提供良好的触感和视觉效果；玻璃材料则用于制造手机的显示屏，提供清晰的显示和触控体验。这些材料的选择不仅影响到手机的外观和手感，更直接决定了其功能的发挥和性能表现。

另外，在医疗器械领域，材料选择对产品功能的影响同样显著。医疗器械需要具有高度的生物相容性、稳定性和安全性，以确保其在使用过程中不会对人体造成损害。因此，在选择医疗器械的材料时，需要充分考虑其对人体组织的适应性、耐腐蚀性、无毒性等因素。例如，医用钛合金因其良好的生物相容性和耐腐蚀性而被广泛应用于骨科植入物等医疗器械的制造中。

综上所述，材料选择对产品功能的影响是多方面的。在产品设计过程中，必须充分考虑材料的性能、特性、兼容性、加工性和成本等因素，选择能够满足产品功能需求的合适材料。同时，随着科技的进步和市场的变化，新型材料的不断涌现也为产品功能的创新提供了更多的可能性。因此，我们需要不断关注和研究新型材料的发展趋势和应用前景，以便在产品设计中更好地发挥材料的优势，提升产品的功能和性能。

展望未来，随着可持续发展理念的深入人心和环保意识的提高，绿色、环保、可回收的材料将成为产品设计的重要选择。同时，随着智能制造和数字化技术的发展，材料的智能化和定制化也将成为产品设计的新趋势。这些新的发展趋势将为产品功能的实现提供更多的可能性和挑战，我们也需要不断学习和探索新的材料选择策略和方法，以适应不断变化的市场需求和技术环境。

二、材料选择对产品造型的影响

在产品设计中，材料选择不仅影响产品的功能和性能，更直接关系到产品的外观造型。产品造型作为产品外在表现的重要组成部分，对于产品的市场竞争力和用户体验具有举足轻重的作用。因此，正确选择材料对于塑造理想的产品造型至关重要。

（一）材料特性对产品造型的影响

不同材料具有不同的物理和化学特性，这些特性直接决定了产品造型的可能性和表现力。例如，金属材料具有坚硬、光滑的表面特性，能够呈现出强烈的现代感和科技感，因此常被用于制造具有简约、时尚造型的产品；而木材则具有天然的纹理和色泽，能够带来温暖、自然的视觉感受，适合用于打造具有传统或自然风格的产品。

（二）材料质感对产品造型的影响

质感是产品造型中不可忽视的因素，它直接关系到产品的触感和视觉效果。不同材料具有不同的质感，如金属的冰凉、塑料的轻盈、玻璃的通透等。这些质感差异不仅影响用户对产品的直观感受，还影响着产品造型的整体风格。因此，在选择材料时，需要充分考虑其质感是否与产品造型风格相契合，以营造出理想的视觉效果和触感体验。

（三）材料加工性对产品造型的影响

材料的加工性能对于产品造型的实现具有重要影响。一些材料易于加工和成型，能够方便地实现设计师的创意和构思；而有些材料则加工难度较大，可能无法满足复杂造型的需求。因此，在选择材料时，需要充分考虑其加工性能，选择既符合造型需求又易于加工的材料。

（四）材料成本对产品造型的影响

材料成本是产品设计中需要考虑的重要因素之一。不同材料的成本差异较大，直接影响到产品的定价和市场竞争力。在选择材料时，如果过于追求高端材料而忽视成本因素，可能导致产品造价过高，难以被市场接受；反之，如果为了降低成本而选择劣质材料，则可能影响产品造型的品质和用户体验。因此，设计师需要在满足造型需求的前提下，尽量控制材料成本，实现产品造型与经济效益的平衡。

（五）创新材料对产品造型的影响

随着科技的进步和材料的创新，越来越多的新型材料被应用于产品设计中。这些新型材料往往具有独有的性能和特性，为产品造型的创新提供了更多可能性。例如，一些高分子复合材料具有轻质、高强度的特点，能够用于制造具有新颖造型的产品；而一些智能材料则能够根据环境变化或用户需求改变自身性能，为产品造型的智能化提供了技术支持。因此，关注新型材料的发展趋势和应用前景，对于推动产品造型的创新具有重要意义。

（六）案例分析

以家具设计为例，材料选择对产品造型的影响尤为显著。木质家具以其天然质朴的纹理和色泽，营造出温馨、自然的家居氛围；金属家具则以其现代感和科技感，为家居空间带来时尚、前卫的气息。同时，随着新型材料的出现，家具设计师能够创造出更多新颖、独特的造型。例如，使用高分子复合材料制造的家具，不仅具有轻盈的外观，还具有优异的耐用性和环保性能。

在汽车设计中，材料选择同样对产品造型产生深远影响。金属和塑料的组合使用，使得汽车外观更具流线型、动感十足；而玻璃和碳纤维等轻质材料的应用，则有助于减轻车身重量，提高燃油效率，同时也为汽车造型带来了更多可能性。

综上所述，材料选择对产品造型的影响是多方面的。在产品设计过程中，设计师需要充分了解各种材料的特性、质感和加工性能，结合产品造型和市场需求，进行合理的材料选择。同时，随着科技的不断进步和新型材料的不断涌现，产品造型的创新空间将更加广阔。未来，我们可以期待更多具有独特造型和优异性能的产品问世，为人们带来更加美好的使用体验。

展望未来，产品造型设计将更加注重个性化、环保性和可持续性。因此，材料选择也需要与时俱进，关注环保、可回收和可降解等新型材料的研发和应用。同时，随着数字化和智能化技术的发展，产品造型设计也将更加注重与用户的互动和体验。这要求我们在材料选择时更加关注材料的智能化和可交互性，以满足未来产品造型设计的需求。

综上所述，材料选择对产品造型的影响深远而广泛。在未来的产品设计中，我们需要不断探索新型材料的应用潜力，充分发挥材料在产品造型中的优势和作用，为市场带来更多具有创新性和竞争力的产品。

三、材料选择对产品成本的影响

在产品制造过程中，材料成本是构成产品总成本的重要组成部分。材料选择不仅直接关系到产品的质量和性能，还对产品成本产生显著影响。因此，合理的材料选择对于控制产品成本、提高产品竞争力具有重要意义。

（一）材料价格对产品成本的影响

材料价格是决定产品成本的最直接因素。不同材料的市场价格差异较大，直接影响着产品的原材料成本。在选择材料时，如果选用价格较高的材料，将会导致产品成本上升；反之，选用价格较低的材料则可以降低产品成本。因此，设计师和制造商需要在满足产品性能和质量要求的前提下，尽量选择价格合理的材料，以控制产品成本。

（二）材料利用率对产品成本的影响

材料的利用率也是影响产品成本的重要因素。一些材料在加工过程中容易产生废料或损耗，导致材料的实际利用率降低，从而增加了产品成本。为了提高材料利用率，设计师需要在产品设计中充分考虑材料的加工性能和成型工艺，选择易于加工和成型的材料，以减少废料和损耗。同时，制造商也可以通过优化生产工艺和加强生产管理，提高材料的利用率，降低产品成本。

（三）材料性能对产品成本的影响

材料的性能也会影响产品成本。一些高性能材料虽然具有优异的性能和品质，但价格较高，且加工难度大，可能导致产品成本上升。然而，在某些情况下，使用高性能材料可以提高产品的使用寿命和可靠性，减少维修和更换的频率，从而降低产品的长期成本。因此，在选择材料时，需要综合考虑材料的性能与成本之间的关系，权衡利弊，选择最适合的材料。

（四）材料采购与供应链对产品成本的影响

材料的采购和供应链管理也对产品成本产生重要影响。稳定的供应链和合理的采购策略有助于降低采购成本，从而控制产品成本。设计师和制造商需要关注材料市场的动态变化，选择合适的供应商和采购渠道，确保材料的质量和供应的稳定性。同时，通过优化库存管理和减少库存积压，可以降低库存成本，进一步降低产品成本。

（五）环保法规与材料成本

随着环保意识的增强，越来越多的国家和地区制定了严格的环保法规，要求企业在产品制造过程中使用环保材料，减少污染排放。这可能导致一些传统材料的使用受到限制，而环保材料的价格可能相对较高。因此，在选择材料时，企业需要充分考虑环保法规的要求，选择合适的环保材料，以确保产品符合法规要求，避免因违规而导致的罚款和声誉损失。同时，企业也可以积极寻求与环保法规相符的替代材料，以降低材料成本。

（六）技术创新与材料成本降低

技术创新是推动材料成本降低的重要途径。随着科技的进步，新型材料不断涌现，这些材料往往具有更好的性能和更低的成本。因此，企业需要关注材料领域的技术创新动态，及时引进和应用新型材料，以降低产品成本。同时，企业也可以加大研发投入，自主开发新型材料或改进现有材料的生产工艺，以降低成本并提高产品竞争力。

（七）案例分析

以汽车制造行业为例，材料选择对产品成本的影响尤为显著。汽车制造需要大量的金属材料、塑料和橡胶等材料。在金属材料方面，铝合金和高强度钢等轻质材料的应用有助于减轻车身重量，提高燃油效率，同时也有助于降低材料成本。在塑料和橡胶方面，采用新型环保材料和轻量化材料可以降低零部件的重量和成本，同时提高产品的环保性能。

在电子产品领域，随着新型材料如柔性屏、陶瓷后盖等的出现，产品的外观和功能得到了极大的提升。然而，这些新型材料的研发和生产成本相对较高，可能导致产品成本的上升。因此，在引入新型材料时，企业需要综合考虑其性能、成本和市场需求，以作出合理的决策。

综上所述，材料选择对产品成本的影响是多方面的。在产品设计和制造过程中，设计师和制造商需要充分考虑材料的价格、利用率、性能、采购与供应链等因素，选择最合适的材料以降低产品成本。同时，随着环保法规的加强和技术创新的推进，企业需要关注新型环保材料和替代材料的研发与应用，以降低成本并提高产品竞争力。

展望未来，随着材料科学的不断发展和新技术的不断涌现，我们有理由相信，未来将有更多低成本、高性能的新型材料可供选择。同时，随着数字化和智能化技术的应用，材料选择和成本控制的效率将得到进一步提高。因此，企业应积极关注材料领域的最新动态和技术趋势，加强与科研机构和高校的合作与交流，共同推动材料选择和产品成本的优化与创新。

第三节　旅游文创产品工艺的创新与发展

一、传统工艺的创新与发展

传统工艺作为人类文明的重要组成部分，承载了丰富的历史文化和民族智慧。然而，在现代社会快速发展的背景下，传统工艺面临着诸多挑战和机遇。为了使其在现代社会中焕发新的生机与活力，创新与发展成为了传统工艺不可或缺的重要方向。

（一）传统工艺创新的必要性

随着科技的不断进步和全球化的加速推进，传统工艺面临着市场需求变化、技术更新换代等多重挑战。许多传统工艺因为缺乏创新，逐渐失去了市场竞争力，甚至面临着消亡的危险。因此，创新成为了传统工艺生存与发展的关键。通过创新，传统工艺可以焕发新的生机与活力，适应现代社会的需求，实现可持续发展。

（二）传统工艺创新的途径

1. 技术创新

技术创新是传统工艺创新的核心。通过引入现代科技手段，对传统工艺进行改造和升级，可以提高生产效率、降低成本、提升产品质量。例如，利用数字化技术对传统工艺进行精准控制，实现精细化生产；利用新材料技术对传统工艺品进行改良，提升其性能和外观。

2. 设计创新

设计创新是传统工艺创新的重要方向。通过引入现代设计理念和方法，对传统工艺品进行创意设计，可以赋予其新的文化内涵和审美价值。设计师可以结合传统工艺的特点和现代审美趋势，创作出具有独特风格和魅力的作品，满足现代消费者的需求。

3. 市场创新

市场创新是传统工艺创新的又一重要途径。通过拓展市场渠道、开发新产品、打造品牌形象等方式，传统工艺可以扩大市场份额，提高知名度和影响力。例如，利用电商平台进行线上销售，拓展国内外市场；开发具有地方特色的旅游纪念品，吸引游客关注；打造传统工艺品牌，提升产品附加值。

（三）传统工艺发展的策略

1. 政策支持

政府在传统工艺的发展中扮演着重要角色。通过制定相关政策，政府可以为传统工艺提供资金、人才等方面的支持，促进其创新与发展。例如，设立传统工艺保护基金，用于资助传统工艺的研发和推广；举办传统工艺展览和比赛，提高社会对传统工艺的关注和认可。

2. 教育传承

教育是传统工艺传承与创新的基础。通过加强传统工艺的教育和培训，可以培养更多具有创新精神和专业技能的人才，为传统工艺的发展提供源源不断的动力。学校和社会机构可以开设传统工艺课程，邀请大师和专家进行授课和指导，让更多的年轻人了解和学习传统工艺。

3. 跨界合作

跨界合作是传统工艺创新的重要途径。通过与其他领域的合作，传统工艺可以吸收新的理念和元素，实现跨界创新。例如，传统工艺与时尚产业相结合，创作出具有独特风格和时尚元素的服饰和配饰；传统工艺与文化产业相结合，创作出具有文化内涵和艺术价值的文化产品。

（四）案例分析

以陶瓷工艺为例，作为中国传统工艺的代表之一，陶瓷工艺在创新与发展方面取得了显著成果。在技术创新方面，现代陶瓷工艺引入了数字化技术、新材料技术等先进手段，实现了陶瓷产品的精准制造和性能提升；在设计创新方面，现代陶瓷设计注重个性化和多元化，结合传统元素和现代审美趋势，创作出众多独具特色的作品；在市场创新方面，陶瓷工艺积极拓展国内外市场，通过电商平台和线下实体店等渠道进行销售，提高了产品的知名度和影响力。

综上所述，传统工艺的创新与发展是一个复杂而重要的课题。通过技术创新、设计创新和市场创新等途径，传统工艺可以焕发新的生机与活力，适应现代社会的需求。同时，政府、教育机构和社会各界也需要共同努力，为传统工艺的创新与发展提供支持和保障。

展望未来，随着科技的不断进步和全球化的深入发展，传统工艺将面临更多的机遇和挑战。我们期待更多的传统工艺能够通过创新与发展，实现与现代社会的融合与共生，为人类文明的发展贡献更多的智慧和力量。

二、现代工艺的应用与融合

随着科技的飞速发展和全球化的深入推进，现代工艺在各个领域中的应用越来越广泛，其与传统工艺的融合也日益紧密。现代工艺不仅提升了生产效率和产品质量，还为传统工艺注入了新的活力和创新元素。

（一）现代工艺的应用

1. 自动化与智能化生产

现代工艺在自动化和智能化生产方面取得了显著进展。通过引入先进的机器人技术、传感器和控制系统，生产线实现了高度自动化，减少了人工干预，提高了生产效率和产品精度。同时，智能化生产通过大数据分析、云计算等技术手段，实现了对生产过程的实时监控和优化，提高了生产效率和资源利用率。

2. 新材料与新技术的应用

现代工艺的发展离不开新材料和新技术的支持。新型材料如高分子材料、复合材料、纳米材料等，具有优异的性能和广泛的应用前景。而新技术如 3D 打印、激光切割、精密铸造等，则为产品的设计和制造提供了更多的可能性。这些新材料和新技术的应用，不仅提高了产品的质量和性能，还推动了相关产业的发展和创新。

3. 环保与可持续发展

现代工艺在环保和可持续发展方面也发挥了重要作用。通过采用环保材料和清洁能源，减少生产过程中的污染排放，降低对环境的负面影响。同时，循环利用和资源化利用等技术的应用，提高了资源的利用效率，实现了经济效益和环境效益的双赢。

（二）现代工艺与传统工艺的融合

1. 技术融合

现代工艺与传统工艺在技术上的融合是一种互补和升级的过程。传统工艺中的精湛技艺和独特风格可以通过现代科技手段得到更好的传承和发扬。例如，利用数字化技术对传统工艺品进行精准复制和修复，既保留了传统工艺的原汁原味，又提高了生产效率。同时，现代工艺中的新材料和新技术也可以为传统工艺注入新的创意和可能性，推动其创新发展。

2. 文化融合

现代工艺与传统工艺在文化上的融合是一种交流与互鉴的过程。传统工艺承载着丰富的历史文化和民族智慧，是现代工艺发展的重要源泉。通过与现代工艺的融合，传统工艺的文化内涵和审美价值可以得到更好的传承和发扬。同时，现代工艺也可以借鉴传统工艺的设计理念和元素，创作出具有独特风格和文化内涵的现代作品，满足现代消费者的审美需求。

3. 市场融合

现代工艺与传统工艺在市场上的融合是一种互利共赢的过程。传统工艺品具有独特的市场魅力和文化价值，但受限于生产效率和市场规模。通过与现代工艺的融合，传统工艺品可以实现规模化生产和市场化推广，拓展更大的市场空间。同时，现代工艺也可以通过与传统工艺的融合，开发新的产品线和市场领域，提高市场竞争力。

（三）现代工艺应用与融合的意义

1. 推动产业升级和创新

现代工艺的应用与融合，促进了产业升级和创新发展。通过引入先进的技术和理念，传统产业得以焕发新的生机与活力，提高了生产效率和产品质量。同时，新兴产业的发展也受益于现代工艺的支持和推动，为经济增长注入了新的动力。

2. 传承和弘扬民族文化

现代工艺与传统工艺的融合，有助于传承和弘扬民族文化。通过保护和发扬传统工艺，我们可以更好地传承历史文化和民族智慧，增强文化自信和民族认同感。同时，现代工艺也可以借鉴传统工艺的文化元素和审美理念，创作出具有民族特色的现代作品，丰富文化多样性。

3. 促进可持续发展

现代工艺的应用与融合，有助于实现可持续发展。通过采用环保材料和清洁能源，减少生产过程中的污染排放，可以降低对环境的负面影响。同时，资源的循环利用和高效利用也有助于提高经济效益和社会效益，实现经济、社会和环境的协调发展。

现代工艺的应用与融合在产业发展、文化传承和可持续发展等方面都具有重要意义。随着科技的不断进步和全球化的深入推进，有理由相信，现代工艺与传统工艺的融合将更加紧密和深入，为人类社会带来更多的创新和进步。同时，也应该注重保护和发扬传统工艺的独特魅力和文化价值，让其在现代社会中焕发新的光彩。

三、工艺创新对产品设计的推动

在当今日益竞争激烈的市场环境中，产品设计的创新性和独特性成为了企业赢得市场份额的关键因素。而工艺创新作为推动产品设计进步的重要动力，不仅有助于提升产品的质量和性能，还能为产品带来独特的外观和感受，从而满足消费者的多元化需求。

（一）工艺创新提升产品设计的可行性与实现性

工艺创新通过改进和优化生产过程中的技术手段和操作方法，使得原本难以实现或成本过高的设计方案变得可行和可实施。例如，新型材料的应用、精密加工技术的进步、自动化生产线的引入等，都为产品设计提供了更广阔的创新空间。设计师可以更加大胆地尝试新的设计理念和造型，而不用担心生产过程中的技术难题。

同时，工艺创新还能降低生产成本，提高生产效率，使得产品更具竞争力。通过引入先进的生产技术和设备，企业可以实现规模化生产，降低单件产品的成本，从而在价格上获得优势。此外，工艺创新还能提高产品的可靠性和耐用性，增强消费者对产品的信任度和满意度。

（二）工艺创新丰富产品设计的表现形式与风格

工艺创新不仅提升了产品设计的可行性和实现性，还为其带来了更加丰富的表现形式和风格。传统的产品设计往往受到生产技术的限制，无法实现过于复杂或精细的造型。而随着工艺创新的不断涌现，设计师可以更加自由地发挥想象力，创造出更具个性化和差异化的产品。

例如，3D打印技术的出现使得设计师能够制作出具有复杂结构和形状的产品，打破了传统生产工艺的局限。此外，新材料的应用也为产品设计带来了更多的可能性。如柔性材料、透明材料、具有特殊功能的材料等，都为产品带来了独特的视觉效果和使用体验。

（三）工艺创新促进产品设计的环保与可持续发展

随着全球环保意识的提高，消费者对产品的环保性能也越来越关注。工艺创新在推动产品设计创新的同时，也注重环保和可持续发展。通过采用环保材料和节能技术，工艺创新使得产品设计更加符合环保要求，减少了生产过程中的环境污染和资源浪费。

同时，工艺创新还推动了循环经济和绿色制造的发展。例如，通过废旧产品的回收和再利用，企业可以降低生产成本、减少废弃物的产生、实现资源的有效利用。这不仅有助于提升企业的经济效益，也符合社会可持续发展的要求。

（四）工艺创新提升产品设计的附加值与市场竞争力

工艺创新通过提升产品的技术含量和附加值，使得产品更具市场竞争力。通过引入先进的技术手段和操作方法，企业可以生产出具有独特功能和性能的产品，满足消费者的多元化需求。这些具有创新性和独特性的产品往往能够获得更高的市场认可度和口碑效应，从而为企业带来更大的经济效益。

此外，工艺创新还有助于提升企业的品牌形象和知名度。通过推出具有创新性和高品质的产品，企业可以展示自己的技术实力和创新能力，树立良好的企业形象。这将有助于企业在激烈的市场竞争中脱颖而出，赢得更多的市场份额和消费者的信任。

（五）案例分析

以智能手机为例，工艺创新对其产品设计的推动作用显而易见。随着新材料、新技术和新工艺的不断应用，智能手机在外观、性能、功能等方面都实现了显著的进步。例如，采用玻璃后盖和金属边框的设计使得手机外观更加时尚和高端；指纹识别、面部识别等技术的应用提升了手机的安全性和便捷性；而快充技术、大容量电池等工艺创新则提升了手机的使用体验。这些工艺创新不仅推动了智能手机产品设计的进步，也满足了消费者对高品质、高性能产品的需求。

工艺创新对产品设计的推动作用不可忽视。它不仅提升了产品设计的可行性和实现性，丰富了产品的表现形式和风格，还促进了产品的环保与可持续发展，提升了产品的附加值和市场竞争力。随着科技的不断进步和创新意识的不断提高，我们有理由相信，工艺创新将在未来的产品设计中发挥更加重要的作用。

展望未来，随着人工智能、物联网等新技术的发展和应用，工艺创新将呈现出更加多元化和复杂化的趋势。企业需要紧跟时代潮流，加强技术研发和创新投入，不断推出具有创新性和独特性的产品，以应对市场的变化和消费者的需求。同时，政府和社会各界也应加大对工艺创新的支持和引导力度，为企业的创新发展提供良好的环境和条件。

总之，工艺创新是推动产品设计进步的重要动力。只有不断创新和进步，企业才能在激烈的市场竞争中立于不败之地。

第四节　新材料、新工艺在旅游文创产品设计中的应用

一、新材料在产品设计中的应用案例

随着科技的不断进步和创新意识的日益增强，新材料在产品设计中的应用越来越广泛。新材料以其独特的性能、外观和环保特性，为产品设计带来了更多的可能性和创新空间。本节将以几个具体的应用案例为切入点，探讨新材料在产品设计中的应用及其所带来的影响。

（一）碳纤维在产品设计中的应用

碳纤维是一种轻质、高强度的材料，广泛应用于航空、汽车、体育器材等领域。在产品设计中，碳纤维的独特性能使其成为设计师们追求高强度和轻量化目标的理想选择。

以一款碳纤维自行车为例，设计师采用碳纤维作为主要材料，通过精密的模具设计和生产工艺，打造出了既轻盈又坚固的自行车框架。相比传统的金属材料，碳纤维自行车框架具有更低的重量和更高的强度，使得骑行更加

轻松自如，同时也提高了车辆的安全性和稳定性。

此外，碳纤维还具有良好的耐腐蚀性和抗疲劳性能，使得自行车框架在使用过程中更加耐用和可靠。这种材料的应用不仅提升了产品的性能和质量，也满足了消费者对于高品质生活的追求。

（二）生物可降解材料在产品设计中的应用

随着环保意识的提高，生物可降解材料在产品设计中的应用也逐渐受到重视。这种材料能够在一定条件下被微生物分解，减少对环境的污染，实现可持续发展。

以一款生物可降解塑料餐具为例，设计师采用了生物基材料，通过特殊的生产工艺制成了具有优良使用性能的餐具。这种餐具在使用后可以通过自然分解或微生物分解的方式回归自然，避免了传统塑料餐具对环境造成的长期污染。

生物可降解材料的应用不仅有助于减少环境污染，也符合消费者对于环保产品的需求。这种材料的应用推广，将有力推动产品设计的环保化和可持续发展。

（三）柔性材料在产品设计中的应用

柔性材料是一种具有柔软、可弯曲特性的材料，为产品设计带来了更多的创意和可能性。在可穿戴设备、家居用品等领域，柔性材料的应用越来越广泛。

以一款柔性屏幕手机为例，设计师采用了可弯曲的 OLED 屏幕和柔性电路板等新材料，打造出了具有独特外观和使用体验的手机产品。这款手机的屏幕可以像纸张一样弯曲折叠，使得用户可以更加方便地携带和使用手机。同时，柔性材料的应用也使得手机的设计更加时尚和个性化，满足了消费者对于独特性和创新性的需求。

此外，柔性材料还在家居用品设计中得到了广泛应用。例如，柔性 LED 灯带可以随意弯曲成各种形状，为家居装饰提供了更多的可能性；柔性太阳能电池板可以附着在各种曲面上，提高太阳能的利用率。这些应用案例都展示了柔性材料在产品设计中的独特魅力和优势。

（四）智能材料在产品设计中的应用

智能材料是一种具有感知、响应和自适应能力的材料，能够根据外部环境的变化作出相应的调整。在产品设计领域，智能材料的应用为产品带来了更多的智能化功能和用户体验。

以一款智能温控服装为例，设计师采用了具有温度感应和调节功能的智能纤维材料。这种材料能够根据穿着者的体温和外部环境的变化，自动调节服装的保暖性能，使得穿着者在不同的环境下都能保持舒适的温度。这种智能温控服装不仅提高了穿着者的舒适度，也体现了产品设计的人性化和智能化。

此外，智能材料还在智能家居、医疗器械等领域得到了广泛应用。例如，智能窗帘可以根据光线的强弱自动调节开合程度；智能床垫可以根据睡眠者的体重和姿势自动调节硬度和支撑力。这些应用案例都展示了智能材料在产品设计中的广阔前景和潜力。

新材料在产品设计中的应用案例不胜枚举，它们以其独特的性能和优势为产品设计带来了更多的创新空间和发展机遇。随着科技的不断进步和创新意识的不断提高，我们有理由相信，新材料将在未来的产品设计中发挥更加重要的作用。

展望未来，新材料的应用将更加广泛和深入。设计师们将不断探索新材料的性能和潜力，将其应用于更多领域和场景中。同时，随着消费者对于产品品质和环保性能的要求不断提高，新材料的应用也将更加注重环保和可持续发展。

总之，新材料在产品设计中的应用是一个充满挑战和机遇的领域。只有通过不断创新和探索，我们才能设计出更加优秀、独特和具有竞争力的产品，满足消费者的需求和期望。

二、新材料、新工艺对产品设计的提升作用

随着科技的快速发展，新材料和新工艺不断涌现，为产品设计带来了前所未有的创新空间。新材料以其独特的物理、化学性能，为产品提供了更多的可能性；而新工艺则通过改进和优化生产流程，提升了产品的质量和生产效率。

（一）新材料对产品设计的提升作用

1. 拓展设计思路

新材料的出现，为设计师提供了更多的选择，使得产品设计不再局限于传统的材料范畴。例如，高强度、轻量化的复合材料使得产品设计更加灵活多变，可以满足更多特殊场景的需求。同时，新型智能材料如形状记忆合金、压电材料等，使得产品具备了更多的功能性和互动性，为设计师提供了更广阔的创新空间。

2. 提升产品性能

新材料的性能往往优于传统材料，因此使用新材料可以有效提升产品的性能。例如，使用高导热材料可以提升电子产品的散热性能，延长使用寿命；使用耐磨材料可以提升产品的耐用性，减少维修成本。此外，一些新型生物相容性材料还可以应用于医疗领域，提升医疗器械的安全性和舒适性。

3. 增强产品美感

新材料往往具有独特的外观和质感，可以为产品带来更加独特和美观的视觉效果。例如，使用透明材料可以使产品更加通透、轻盈；使用金属质感材料可以使产品更加高端、大气。这些新材料的应用，使产品在设计上更加符合现代审美趋势，提升了产品的市场竞争力。

（二）新工艺对产品设计的提升作用

1. 提高生产效率

新工艺往往采用自动化、智能化的生产方式，可以显著提高生产效率。

通过引入先进的生产设备和技术，可以实现产品的快速、精准制造，缩短生产周期，降低生产成本。这不仅有助于企业快速响应市场需求，还可以提升企业的竞争力。

2. 提升产品质量

新工艺的应用可以优化生产流程，减少人为因素的干扰，从而提升产品的质量。例如，精密加工技术可以使得产品的尺寸更加精准、表面更加光滑；质量检测技术的应用可以确保产品在出厂前达到规定的标准。这些新工艺的应用，使得产品在设计上更加精细、完美，提升了用户的满意度。

3. 拓展设计可能性

新工艺的出现，使得一些传统上难以实现的设计方案变得可行。例如，3D 打印技术可以打印出复杂的结构和形状，使得设计师可以更加大胆地尝试新的设计理念；柔性制造技术可以适应不同规格和尺寸的产品生产，使得产品设计更加灵活多变。这些新工艺的应用，为产品设计带来了更多的创新空间和发展机遇。

（三）新材料与新工艺的共同作用

新材料和新工艺在产品设计中的提升作用并非孤立存在，而是相互关联、相互促进的。新材料的应用往往需要新工艺的支持，而新工艺的发展又需要新材料的推动。例如，一些新型高分子材料需要特殊的成型工艺才能实现其优良性能；而 3D 打印技术则可以为复杂结构的新材料提供精确的制造手段。因此，在设计过程中，设计师需要综合考虑新材料和新工艺的特点和优势，以实现最佳的设计效果。

（四）案例分析

以智能手机为例，新材料和新工艺的应用对手机设计产生了深远的影响。随着玻璃、陶瓷、金属等新材料的应用，手机的外观更加美观、高端；而柔性屏幕、无线充电等新技术的引入，则使得手机的功能更加丰富、便捷。同时，新工艺的应用也提升了手机的制造质量和生产效率，使得手机更加符合消费者的需求和期望。

新材料和新工艺对产品设计的提升作用不容忽视。它们不仅拓展了设计师的创新空间，提升了产品的性能和美感，还提高了生产效率和产品质量。未来，随着科技的不断进步和创新意识的不断提高，新材料和新工艺的应用将更加广泛和深入。设计师们需要不断学习和掌握新材料、新工艺的知识和技能，将其应用于实际设计中，以创造出更加优秀、独特和具有竞争力的产品。

同时，政府和企业也应加大对新材料和新工艺的研发和推广力度，为产品设计的创新提供更多的支持和保障。通过加强产学研合作，推动新材料和新工艺与产品设计的深度融合，为产品设计带来更多的发展机遇和挑战。

总之，新材料和新工艺是产品设计中不可或缺的重要因素。只有不断探索和创新，充分利用新材料和新工艺的优势和特点，才能设计出更加优秀、独特和具有竞争力的产品，满足消费者的需求和期望。

第六章　旅游文创产品的用户体验设计

第一节　用户体验设计在旅游文创产品中的重要性

一、提升用户满意度与忠诚度

在竞争激烈的市场环境中，提升用户满意度与忠诚度是企业持续发展的关键。用户满意度是指用户对产品或服务的整体评价和满意程度，而忠诚度则是指用户对产品或服务的持续使用和推荐意愿。二者之间存在密切的关系，高满意度往往能带来高忠诚度，进而为企业带来稳定的客户基础和持续的利润增长。因此，提升用户满意度与忠诚度对于企业的发展具有重要意义。

（一）提升用户满意度的关键要素

1. 优质的产品或服务

产品或服务的质量是用户满意度的核心。企业应不断提升产品或服务的性能、功能和品质，以满足用户的期望和需求。通过改进设计、优化生产流程、加强质量控制等方式，提高产品或服务的整体竞争力，从而赢得用户的信任和认可。

2. 良好的客户体验

客户体验是用户在使用产品或服务过程中的整体感受。企业应关注用户在购买、使用、售后等各个环节的体验，提供便捷、高效、友好的服务。通过优化用户界面、简化操作流程、提供个性化服务等方式，提升用户的满意度和黏性。

3. 有效的沟通与反馈机制

企业应建立有效的沟通与反馈机制，及时了解用户的需求和意见，有针对性地改进产品或服务。通过设立客服热线、在线客服、用户调研等方式，收集用户的反馈和建议，不断改进和优化产品或服务，提升用户的满意度。

（二）提升用户忠诚度的策略

1. 建立品牌形象与口碑

品牌形象和口碑是用户忠诚度的重要支撑。企业应注重品牌形象的塑造和维护，通过广告宣传、公益活动等方式提升品牌知名度和美誉度。同时，积极回应社会关切，承担社会责任，树立良好的企业形象，从而增强用户的认同感和归属感。

2. 提供会员服务与优惠

通过设立会员制度，提供会员专享的服务和优惠，增加用户的黏性和忠诚度。例如，提供积分兑换、会员折扣、会员活动等福利，让用户感受到企业的关怀和尊重，从而更愿意持续使用企业的产品或服务。

3. 建立用户社区与互动

建立用户社区，促进用户之间的互动和交流，有助于增强用户的归属感和忠诚度。企业可以通过社交媒体、论坛、线上活动等方式，搭建用户交流平台，鼓励用户分享使用心得、提出改进建议，形成积极的社区氛围。同时，企业也可以积极参与社区讨论，与用户建立紧密的互动关系，提升用户的参与感和忠诚度。

（三）综合策略：打造用户满意度与忠诚度的闭环

1. 精准定位用户需求

企业应深入了解目标用户的需求和偏好，通过市场调研、数据分析等方式，挖掘用户的潜在需求，为产品或服务的优化提供有力支持。同时，根据用户的反馈和意见，及时调整产品或服务的策略和方向，确保满足用户的期望和需求。

2. 持续创新与服务升级

在快速变化的市场环境中，企业应保持持续的创新精神和服务升级意识。通过研发新技术、推出新产品、优化服务流程等方式，不断提升产品或服务的竞争力，满足用户日益增长的需求。同时，关注行业发展趋势和竞争对手动态，及时调整战略，保持领先地位。

3. 营造良好的企业文化与氛围

企业文化和氛围对于提升用户满意度与忠诚度同样重要。企业应注重培养员工的服务意识和职业素养，提升员工的专业能力和服务水平。同时，倡导积极向上的企业文化，营造和谐、团结的工作氛围，让员工成为提升用户满意度与忠诚度的有力推动者。

提升用户满意度与忠诚度是企业持续发展的关键所在。通过提供优质的产品或服务、建立良好的客户体验、建立品牌形象与口碑、提供会员服务与优惠以及建立用户社区与互动等策略，企业可以不断提升用户的满意度和忠诚度。同时，精准定位用户需求、持续创新与服务升级、营造良好的企业文化与氛围等综合策略也是提升用户满意度与忠诚度的有效途径。

展望未来，随着市场竞争的加剧和消费者需求的多样化，提升用户满意度与忠诚度将成为企业面临的重要挑战。企业应继续加强市场调研和数据分析，深入了解用户需求和市场趋势，不断创新和优化产品或服务，以满足用户的期望和需求。同时，加强品牌建设和用户关系管理，提升企业的品牌形象和口碑，增强用户的归属感和忠诚度。相信在企业的不断努力下，用户满意度与忠诚度将得到进一步提升，为企业带来更加广阔的发展空间和更加丰厚的利润回报。

二、增强产品的市场竞争力

在当今激烈的市场竞争中，如何增强产品的市场竞争力是每个企业都必须面对的重要问题。产品的市场竞争力是指产品在市场中相对于其他同类产品的竞争优势和吸引力，它直接决定了企业在市场中的地位和盈利能力。因此，提升产品的市场竞争力对于企业来说至关重要。

（一）提升产品质量与性能

产品质量与性能是产品竞争力的核心。优质的产品能够赢得消费者的信任和口碑，从而提升产品的市场竞争力。企业应注重产品研发和创新，不断提升产品的技术水平和性能表现。同时，加强质量控制，确保产品的稳定性和可靠性，减少故障率和维修成本。通过提升产品质量与性能，企业能够在市场中树立良好形象，吸引更多消费者。

（二）优化产品设计与外观

产品的设计与外观对于消费者的购买决策具有重要影响。优秀的产品设计能够提升产品的美观度和实用性，满足消费者的审美需求和使用需求。企业应关注市场趋势和消费者需求，不断创新产品设计，打造具有独特性和差异化的产品。同时，注重产品的细节处理，提升产品的整体品质感。通过优化产品设计与外观，企业能够吸引更多消费者的目光，提升产品的市场竞争力。

（三）完善产品服务体系

产品服务体系是提升产品市场竞争力的重要手段。完善的产品服务体系能够提升消费者的购买体验，增强消费者对产品的信任度和忠诚度。企业应建立健全的售后服务体系，提供及时、专业的技术支持和维修服务，解决消费者在使用过程中遇到的问题。同时，开展定期的产品培训和指导，帮助消费者更好地使用和维护产品。通过完善产品服务体系，企业能够赢得消费者的认可和好评，提升产品的市场竞争力。

（四）加强品牌建设与推广

品牌是企业的重要资产，也是提升产品市场竞争力的关键。企业应注重品牌的建设和推广，提升品牌的知名度和美誉度。通过广告宣传、公关活动、社交媒体等多种渠道，向消费者传递产品的优势和特点，树立品牌的良好形象。同时，加强品牌与消费者的互动和沟通，了解消费者的需求和反馈，及时调整产品策略和市场策略。通过品牌建设与推广，企业能够提升产品的市场认知度和竞争力，赢得更多消费者的青睐。

（五）降低产品成本与价格

产品价格是消费者购买决策的重要因素之一。合理的产品价格能够提升产品的性价比，吸引更多消费者。企业应通过优化生产流程、降低原材料成本、提高生产效率等方式，降低产品的成本，为降低产品价格提供可能。同时，根据市场需求和竞争状况，制定合理的价格策略，确保产品价格具有竞争力。通过降低产品成本与价格，企业能够提升产品的市场竞争力，扩大市场份额。

（六）关注市场趋势与竞争对手

市场趋势和竞争对手的动态对于产品的市场竞争力具有重要影响。企业应密切关注市场动态和竞争对手的策略调整，及时了解市场需求和变化。通过市场调研和数据分析，掌握消费者的购买偏好和行为特点，为产品策略的制定提供依据。同时，学习竞争对手的优点和长处，不断调整和优化自身的产品策略和市场策略。通过关注市场趋势与竞争对手，企业能够紧跟市场步伐，保持产品的竞争优势。

（七）创新营销手段与渠道

营销手段与渠道的创新对于提升产品市场竞争力具有重要意义。企业应积极探索新的营销方式和渠道，提升产品的曝光度和影响力。利用互联网、大数据、人工智能等先进技术，开展线上营销和精准营销，提高营销效果和转化率。同时，拓展线下销售渠道，与合作伙伴建立紧密的合作关系，共同推广产品。通过创新营销手段与渠道，企业能够提升产品的市场竞争力，实现更好的销售业绩。

综上所述，增强产品的市场竞争力需要从多个方面入手，包括提升产品质量与性能、优化产品设计与外观、完善产品服务体系、加强品牌建设与推广、降低产品成本与价格、关注市场趋势与竞争对手，以及创新营销手段与渠道等。企业应根据自身情况和市场需求，制定合适的产品策略和市场策略，不断提升产品的市场竞争力，赢得更多消费者的支持和信任。在激烈的市场竞争中，只有不断提升产品的市场竞争力，企业才能立于不败之地，实现持续稳健的发展。

三、优化用户的使用体验

在数字化时代，用户的使用体验已成为企业成功与否的关键因素。优化用户的使用体验不仅能够增强用户的满意度和忠诚度，还能够提升企业的品牌形象和市场竞争力。

（一）了解用户需求与行为

优化用户的使用体验首先需要深入了解用户的需求和行为。企业应通过市场调研、用户访谈、数据分析等方式，收集用户对产品的反馈和意见，了解用户在使用过程中的痛点和需求。同时，对用户的行为进行细致的观察和分析，掌握用户的使用习惯和偏好。通过深入了解用户需求和行为，企业能够更有针对性地优化产品的功能和设计，提升用户的使用体验。

（二）设计简洁明了的界面与操作流程

用户界面的设计和操作流程的简化对于优化用户的使用体验至关重要。企业应注重界面的美观性和易用性，采用清晰、简洁的视觉元素和布局，避免过多的冗余信息和干扰元素。同时，优化操作流程，减少用户的操作步骤和等待时间，让用户能够轻松、快速地完成所需的操作。简洁明了的界面和操作流程能够降低用户的学习成本和使用难度，提升用户的使用体验。

（三）提供个性化的服务与支持

个性化服务与支持是提升用户使用体验的重要手段。企业应根据用户的个人信息和使用习惯，提供定制化的产品和服务，满足用户的个性化需求。同时，建立完善的客户服务体系，提供及时、专业的技术支持和咨询服务，解决用户在使用过程中遇到的问题。通过个性化的服务与支持，企业能够增强用户的归属感和满意度，提升用户的使用体验。

（四）确保产品的稳定性与安全性

产品的稳定性和安全性是用户使用体验的基础。企业应注重产品的质量控制和安全性保障，确保产品在使用过程中不会出现故障或安全问题。通过加强技术研发和测试，提升产品的性能和稳定性，减少用户的投诉和不满。同时，加强用户数据的安全保护，防止用户信息泄露和滥用，保障用户的隐私权益。确保产品的稳定性和安全性，能够增强用户的信任感和依赖度，提升用户的使用体验。

（五）持续收集反馈并进行迭代优化

优化用户的使用体验是一个持续不断的过程。企业应建立有效的反馈机制，收集用户在使用过程中的反馈和意见，及时发现问题并进行改进。同时，根据市场和用户需求的变化，对产品进行迭代优化，不断提升产品的性能和功能。通过持续收集反馈和迭代优化，企业能够不断完善产品，提升用户的使用体验，赢得用户的持续支持和认可。

（六）注重跨平台与多设备的兼容性

随着移动互联网的普及，用户使用的设备种类和平台越来越多。因此，优化用户的使用体验需要注重跨平台与多设备的兼容性。企业应确保产品能够在不同设备和平台上顺畅运行，提供一致的使用体验。通过适配不同设备和平台的特性，优化产品在不同场景下的使用效果，提升用户的使用便捷性和满意度。

（七）利用先进技术提升用户体验

随着科技的不断进步，许多先进技术可以应用于提升用户体验。例如，利用人工智能和机器学习技术，实现个性化推荐和智能客服，提高用户的满意度和便捷性。同时，利用大数据和云计算技术，对用户行为进行深入分析，优化产品的功能和设计，提升用户的使用体验。这些先进技术的应用将为企业带来更多创新和可能性，提升用户体验的同时增强企业的竞争力。

综上所述，优化用户的使用体验需要从多个方面入手，包括深入了解用户需求与行为、设计简洁明了的界面与操作流程、提供个性化的服务与支持、确保产品的稳定性与安全性、持续收集反馈并进行迭代优化、注重跨平台与多设备的兼容性，以及利用先进技术提升用户体验等。企业应根据自身情况和用户需求，制定合适的优化策略，不断提升用户的使用体验，赢得用户的信任和支持，实现企业的可持续发展。

在数字化时代，用户的使用体验已经成为企业竞争的核心要素。只有不断优化用户的使用体验，才能在激烈的市场竞争中脱颖而出，赢得用户的青睐和忠诚。因此，企业应高度重视用户体验的优化工作，并将其作为长期发展的重要战略之一。通过不断的努力和创新，不断提升用户的使用体验，企业将能够在数字化时代取得更加辉煌的成就。

第二节　旅游文创产品的用户研究与需求分析

一、用户研究方法与工具

在现今的产品设计和市场研究中，用户研究占据着举足轻重的地位。它能够帮助企业深入了解用户需求、行为和偏好，从而指导产品设计和优化，提升用户体验。为了实现这一目标，企业需要借助一系列的用户研究方法与工具。

（一）用户研究方法

1. 问卷调查法

问卷调查法是一种常用的用户研究方法，通过设计问卷并向目标用户群体发放，收集用户对产品或服务的意见、看法和需求。问卷调查法具有成本低、效率高、数据易量化的优点，但也可能受到问卷设计不合理、样本选择偏差等因素的影响。

2. 访谈法

访谈法是通过与研究目标直接交流，深入了解其需求、观点和态度的方法。访谈法包括一对一访谈、焦点小组访谈等多种形式。访谈法能够获取丰富、深入的信息，但成本较高，且对访谈者的技巧和经验有一定要求。

3. 观察法

观察法是通过直接观察用户在特定场景下的行为，收集用户需求和问题的方法。观察法可以分为自然观察和实验室观察两种形式。观察法能够获取真实、客观的用户行为数据，但受到观察场景和时间的限制。

4. 用户体验测试法

用户体验测试法是通过让用户在实际使用产品或服务的过程中，收集其对产品易用性、满意度等方面的反馈。用户体验测试法可以包括原型测试、A/B 测试等形式，有助于企业在产品上线前发现并解决问题。

（二）用户研究工具

1. 数据分析工具

数据分析工具是用户研究中不可或缺的一部分。这些工具能够帮助企业收集、整理和分析用户数据，从而揭示用户行为和需求。常用的数据分析工具包括 Excel、SPSS、Tableau 等。这些工具可以帮助企业处理大量数据，提取有价值的信息，并生成直观的图表和报告。

2. 用户行为追踪工具

用户行为追踪工具能够实时记录用户在产品中的操作行为，如点击、浏览、搜索等。通过这些数据，企业可以了解用户的使用习惯、兴趣偏好以及产品存在的问题。常见的用户行为追踪工具有 Google Analytics、Hotjar 等。这些工具可以帮助企业洞察用户行为，为优化产品设计提供依据。

3. 用户反馈收集工具

用户反馈收集工具可以帮助企业轻松获取用户的意见和建议。这些工具通常具有问卷调查、评论、评分等功能，便于用户表达自己的看法和需求。例如，问卷调查工具如问卷星、腾讯问卷等，可以帮助企业设计并发放问卷，收集用户反馈。同时，社交媒体和在线论坛也是收集用户反馈的重要渠道。

4. 用户访谈工具

用户访谈工具可以帮助企业进行一对一或小组访谈，记录访谈内容并进行后续分析。这些工具通常具有录音、录像、文字记录等功能，确保访谈内容的完整性和准确性。一些专业的访谈工具还提供转写、关键词提取等功能，提高访谈分析的效率。

（三）如何选择合适的用户研究方法与工具

在选择用户研究方法与工具时，企业需要根据研究目标、资源投入以及用户需求等因素进行综合考虑。首先，明确研究目标，确定需要了解的用户信息和问题。其次，评估资源投入，包括时间、人力和预算等方面的限制。最后，结合用户需求和行为特点，选择适合的研究方法和工具。

此外，企业在选择用户研究方法与工具时，还需要注意以下几点：一是确保研究方法和工具的可靠性和有效性；二是考虑用户隐私和数据安全问题；三是根据研究结果进行及时调整和优化，确保研究的有效性和实用性。

综上所述，用户研究方法与工具是企业在进行用户研究时不可或缺的重要支持。通过选择合适的研究方法和工具，企业能够深入了解用户需求和行为，为产品设计和优化提供有力支持。在未来的市场竞争中，注重用户研究的企业将更具竞争优势，赢得更多用户的青睐和信任。

二、用户需求分析的内容与步骤

用户需求分析是产品开发、服务优化以及市场策略制定过程中的关键环节。通过深入了解用户的需求、期望和痛点，企业可以更加精准地定位产品方向，优化服务流程，进而提升用户体验和满意度。

（一）用户需求分析的内容

1. 用户基本信息

需要对用户的基本信息进行收集和分析，包括年龄、性别、职业、收入、地域等。这些信息有助于企业了解目标用户群体的特征和分布情况，为后续的需求分析提供基础数据。

2. 用户需求与期望

用户需求与期望是用户需求分析的核心内容。企业需要了解用户对产品的功能、性能、价格、外观等方面的需求和期望，以及在使用过程中可能遇到的问题和痛点。通过对这些信息的梳理和分析，企业可以把握用户的需求趋势，为产品设计和优化提供依据。

3. 用户行为分析

用户行为分析是揭示用户需求和期望的重要手段。通过对用户在使用产品过程中的行为数据进行分析，如点击、浏览、搜索、购买等，可以了解用户的使用习惯、兴趣偏好以及产品使用场景。这些信息有助于企业发现潜在需求，优化产品功能和用户体验。

4. 用户反馈与意见

用户反馈与意见是了解用户需求的重要途径。企业可以通过问卷调查、访谈、社区论坛等方式收集用户对产品的意见和建议，进而发现产品存在的问题和改进空间。同时，用户反馈还可以作为企业评估产品性能和市场竞争力的参考依据。

（二）用户需求分析的步骤

1. 明确分析目标

在进行用户需求分析之前，首先需要明确分析的目标和范围。这有助于企业确定分析的重点和方向，避免在分析过程中偏离主题。

2. 收集用户信息

收集用户信息是用户需求分析的基础。企业可以通过多种渠道收集用户信息，如市场调研、用户访谈、问卷调查、数据分析等。在收集信息时，需要注意信息的真实性和有效性，避免受到误导或干扰。

3. 整理与分析数据

收集到用户信息后，需要对数据进行整理和分析。包括对数据进行分类、统计和归纳，提取出有价值的信息和趋势。同时，还需要对数据进行深入剖析，找出用户需求的痛点和潜在需求。

4. 制定用户需求清单

根据数据分析的结果，制定用户需求清单。这个清单应该包括用户的主要需求、期望、痛点以及潜在需求等，并按照优先级进行排序。这样有助于企业在后续的产品开发和服务优化过程中，有针对性地满足用户需求。

5. 验证与调整需求清单

制定用户需求清单后，需要通过一定的方式进行验证和调整。例如，可以通过小范围的产品测试、用户试用等方式，收集用户对需求的反馈和意见，进而对需求清单进行修订和完善。这个过程是一个迭代的过程，需要不断地与用户沟通，确保需求清单的准确性和有效性。

6. 制定产品策略与方案

基于用户需求清单，企业需要制定相应的产品策略与方案。包括确定产品的功能定位、性能要求、价格策略以及市场推广方案等。在制定产品策略与方案时，需要充分考虑用户的实际需求和期望，确保产品能够满足用户的需求并提升用户体验。

（三）注意事项

在进行用户需求分析时，需要注意以下几点。

1. 保持与用户的沟通与交流

用户是需求分析的直接对象，通过与用户的沟通与交流，可以更深入地了解用户的需求和期望。因此，在需求分析过程中，需要保持与用户的密切联系，及时获取用户的反馈和意见。

2. 综合考虑不同用户的需求和差异

不同用户群体可能具有不同的需求和期望，因此在需求分析时，需要综合考虑不同用户的需求和差异，确保产品能够满足大多数用户的需求。

3. 关注潜在需求和市场趋势

用户需求是不断变化的，企业需要关注潜在需求和市场趋势，及时调整产品策略和方向，以适应市场的变化和用户的需求变化。

4. 合理利用技术手段提高分析效率

现代技术手段如大数据分析、人工智能等可以大大提高用户需求分析的效率和准确性。因此，在需求分析过程中，可以合理利用这些技术手段，提高分析的质量和效率。

综上所述，用户需求分析是产品开发和服务优化的关键环节。通过深入了解和分析用户的需求与期望，企业可以更加精准地定位产品方向，优化服务流程，提升用户体验和满意度。在进行需求分析时，需要明确分析目标、收集用户信息、整理与分析数据、制定用户需求清单并验证与调整需求清单，同时注意保持与用户的沟通与交流、综合考虑不同用户的需求和差异、关注潜在需求和市场趋势，以及合理利用技术手段提高分析效率。

三、用户需求在产品设计中的应用

在当今市场竞争激烈的商业环境中，产品设计的成功与否往往决定了企业的市场地位和竞争力。而用户需求作为产品设计的核心驱动力，对于产品的功能、外观、体验等方面都起着至关重要的作用。因此，深入理解并应用用户需求于产品设计中，对于企业的发展至关重要。

（一）用户需求对产品设计的影响

用户需求是产品设计的出发点和归宿。在产品设计过程中，深入了解并准确把握用户需求，能够确保产品更加符合用户的期望和偏好，从而提升产品的市场竞争力。用户需求对产品设计的影响主要体现在以下几个方面。

1. 功能设计

用户需求决定了产品的基本功能。通过深入了解用户的需求和痛点，企业可以设计出更加符合用户实际需求的功能，从而提升产品的实用性和便捷性。

2. 外观设计

用户的审美偏好和视觉需求对产品的外观设计有着重要影响。通过研究用户的审美观念和喜好，企业可以设计出更加吸引用户眼球的外观，提升产品的视觉效果。

3. 用户体验

用户需求直接关系到产品的使用体验。优秀的产品设计能够提供良好的用户体验，使用户在使用过程中感到愉悦和满足，从而增强用户对产品的信任和忠诚度。

（二）用户需求在产品设计中的应用步骤

1. 用户需求调研与分析

在进行产品设计之前，首先需要进行用户需求调研与分析。包括通过问卷调查、访谈、观察等方式收集用户的意见和建议，了解用户的需求和痛点。同时，还需要对收集到的数据进行整理和分析，提取出有价值的信息和趋势，为后续的产品设计提供依据。

2. 用户画像构建

基于用户需求调研与分析的结果，构建用户画像。用户画像是对目标用户群体的详细描述，包括用户的年龄、性别、职业、收入、兴趣爱好等基本信息，以及用户的需求、期望、行为特征等。通过构建用户画像，企业可以更加深入地了解目标用户群体的特点和需求，为产品设计提供更加精准的定位。

3. 功能与外观设计

在功能设计方面，根据用户需求调研与分析的结果，确定产品的基本功能和特色功能。同时，还需要考虑产品的易用性和可维护性，确保用户能够轻松上手并长期使用。在外观设计方面，结合用户的审美偏好和视觉需求，设计出符合产品定位和用户喜好的外观。包括色彩搭配、材质选择、造型设计等方面，以提升产品的视觉效果和吸引力。

4. 用户体验优化

用户体验是产品设计中至关重要的一环。在产品设计过程中，需要注重用户体验的优化。包括优化操作流程、提升交互体验、减少用户等待时间等。通过不断优化用户体验，可以提升产品的易用性和满意度，增强用户对产品的信任和忠诚度。

5. 原型设计与测试

完成功能与外观设计后，需要制作产品原型并进行测试。原型设计可以帮助企业更加直观地了解产品的实际效果和用户体验，发现潜在的问题和不足之处。通过测试，可以收集用户的反馈和建议，对产品进行进一步的优化和改进。

（三）用户需求在产品设计中的注意事项

1. 保持与用户的持续沟通

在产品设计过程中，企业需要保持与用户的持续沟通。这有助于企业及时了解用户的反馈和需求变化，为产品设计提供实时调整的依据。同时，通过与用户的沟通，企业还可以发现潜在的市场机会和用户需求，为产品的创新和发展提供动力。

2. 注重用户体验的细节

用户体验的细节对于产品的成功与否至关重要。在产品设计过程中，企业需要注重用户体验的细节处理，如按钮的大小、颜色、位置等，以及操作流程的简洁性和连贯性等。这些细节的处理能够直接影响到用户的使用感受和满意度。

3. 平衡用户需求与企业目标

在产品设计过程中，企业需要平衡用户需求与企业目标之间的关系。虽然用户需求是产品设计的核心驱动力，但企业还需要考虑产品的成本、技术实现难度、市场定位等因素。因此，在产品设计时，企业需要在满足用户需求的同时，兼顾企业的实际情况和目标。

4. 不断迭代与改进

产品设计是一个持续迭代与改进的过程。随着市场环境和用户需求的变化，企业需要不断地对产品进行迭代和改进，以满足用户的期望和需求。通过不断地优化产品设计，企业可以不断提升产品的竞争力和市场占有率。

综上所述，用户需求在产品设计中的应用是一个复杂而重要的过程。通过深入了解并准确把握用户需求，企业可以设计出更加符合用户期望和市场需求的产品，从而提升产品的竞争力和市场地位。同时，企业还需要注重用户体验的优化和细节处理，以及平衡用户需求与企业目标之间的关系，为产品的成功奠定坚实的基础。

第三节　旅游文创产品的界面与交互设计

一、界面设计的原则与技巧

随着信息技术的迅猛发展，界面设计在软件、网站、移动应用等领域中扮演着越来越重要的角色。优秀的界面设计能够提升用户体验，增强用户黏性，进而促进产品的成功。

（一）界面设计的原则

1. 用户友好性

用户友好性是界面设计的首要原则。界面设计应该以用户为中心，充分考虑用户的需求、习惯和期望，确保用户能够轻松理解和使用界面。设计师通过简洁明了的布局、易于理解的图标和文字等方式，降低用户的学习成本，提高用户的使用效率。

2. 一致性

一致性是界面设计中不可或缺的原则。界面中的元素、布局、颜色、字体等应该保持统一，使用户在使用过程中能够形成稳定的视觉印象，降低认知负担。同时，一致性也有助于提升产品的品牌形象和辨识度。

3. 可用性

可用性是指界面设计应满足用户的基本需求，确保用户能够顺利完成任务。设计师需要关注界面的交互流程、功能布局、按钮位置等，确保用户能够方便地进行操作。同时，界面还需要提供清晰的反馈和提示，帮助用户及时了解和解决问题。

4. 美观性

美观性是界面设计的重要原则之一。一个美观的界面能够吸引用户的注意力，提升用户的满意度和忠诚度。设计师需要注重界面的视觉效果，通过色彩、图形、动画等元素，打造具有吸引力和辨识度的界面。

（二）界面设计的技巧

1. 简洁明了

界面设计应该追求简洁明了，避免过多的元素和复杂的布局。设计师需要精简界面中的信息，突出核心功能，使用户能够快速找到所需内容。同时，设计师还需要注意图标的选择和文字的表述，确保用户能够轻松理解界面的含义。

2. 合理布局

布局是界面设计中的重要环节。设计师需要根据用户的阅读习惯和操作流程，合理安排界面中的元素位置。一般来说，重要的信息和功能应该放在显眼的位置，如界面的顶部或中心位置。同时，设计师还需要注意界面元素的排列顺序和间距，确保界面整体协调、美观。

3. 色彩搭配

色彩是界面设计中不可忽视的元素。合理的色彩搭配能够提升界面的视觉效果，增强用户的感知体验。设计师需要根据产品的定位和用户的喜好，选择合适的色彩组合。同时，设计师还需要注意色彩的对比度和饱和度，确保界面在不同设备和环境下都能保持良好的视觉效果。

4. 交互设计

交互设计是界面设计中的关键环节。优秀的交互设计能够提升用户的使用体验，增强用户与产品之间的互动。设计师需要关注用户的操作习惯和需求，设计符合用户期望的交互流程。同时，设计师还需要注重界面的反馈机制，及时响应用户的操作并提供清晰的反馈，帮助用户更好地理解和使用界面。

5. 响应式设计

随着移动互联网的普及，越来越多的用户在不同设备上使用产品。因此，响应式设计成为了界面设计中的一项重要技巧。响应式设计能够根据设备的屏幕尺寸和分辨率自动调整界面的布局和元素大小，确保界面在不同设备上都能保持良好的显示效果和用户体验。

（三）注意事项

在进行界面设计时，设计师还需要注意以下几点。

深入了解用户需求和市场趋势，确保界面设计符合用户的期望和市场的需求。

不断学习和探索新的设计理念和技术，提升自己的设计水平和能力。

与产品经理、开发人员等团队成员保持良好的沟通和协作，确保界面设计的顺利实施和落地。

注重细节处理，确保界面的每一个元素和交互都经过精心设计和优化。

综上所述，界面设计的原则与技巧涵盖了用户友好性、一致性、可用性、美观性等多个方面。设计师需要遵循这些原则，运用相应的技巧，打造出优秀的界面设计作品。同时，设计师还需要不断学习和实践，提升自己的设计能力和水平，为产品的成功贡献自己的力量。

二、交互设计的流程与方法

交互设计作为用户体验的重要组成部分，旨在通过优化用户与产品之间的交互过程，提升用户的使用效率和满意度。

（一）交互设计的流程

1. 需求分析

需求分析是交互设计的起点。设计师需要与用户、产品经理等相关人员沟通，了解产品的功能需求、用户群体、使用场景等信息。通过需求分析，设计师能够明确设计目标和约束条件，为后续的设计工作提供指导。

2. 用户研究

用户研究是交互设计的关键环节。设计师需要通过问卷调查、访谈、观察等方式，深入了解用户的需求、行为、习惯等。用户研究有助于设计师发现用户的痛点和期望，为设计出符合用户需求的交互方案提供依据。

3. 概念设计

概念设计是交互设计的创意阶段。设计师需要根据需求分析和用户研究的结果，提出创新性的交互方案。概念设计包括信息架构、操作流程、界面布局等方面的内容。通过概念设计，设计师能够初步勾勒出产品的交互框架。

4. 原型设计

原型设计是交互设计的可视化阶段。设计师需要使用专业的设计工具，将概念设计方案转化为具体的交互原型。原型设计可以帮助设计师更好地展示设计理念，同时也方便用户和相关人员进行评估和反馈。

5. 用户测试与迭代

用户测试是交互设计的重要环节。设计师需要邀请用户对原型进行测试，收集用户的反馈和建议。根据用户测试的结果，设计师需要对原型进行迭代和优化，以提升用户的使用体验和满意度。

6. 设计规范与文档输出

设计规范与文档输出是交互设计的收尾阶段。设计师需要总结设计过程中的经验和教训，制定设计规范，为后续的开发和维护工作提供指导。同时，设计师还需要输出详细的设计文档，包括交互说明、操作流程图、界面设计等内容，以便其他团队成员理解和实施设计方案。

（二）交互设计的方法

1. 故事板法

故事板法是一种通过讲述故事的方式来描述用户与产品交互过程的方法。设计师可以创建一系列的场景和情节，展示用户在使用产品时的行为和体验。故事板法有助于设计师更直观地理解用户需求，发现潜在问题，并优化交互设计。

2. 角色扮演法

角色扮演法是一种通过模拟用户角色来体验产品的方法。设计师可以扮演不同的用户角色，模拟他们的行为和需求，从而更深入地了解用户的体验感受。通过角色扮演法，设计师可以发现用户在使用产品时可能遇到的困难和问题，为优化交互设计提供依据。

3. 用户旅程图法

用户旅程图法是一种通过绘制用户在使用产品过程中的旅程图来展示用

户体验的方法。设计师可以记录用户在各个阶段的行为和情感变化，发现用户体验的瓶颈和痛点。通过用户旅程图法，设计师可以更有针对性地优化交互设计，提升用户的使用体验和满意度。

4. 可用性测试法

可用性测试法是一种通过邀请用户对产品进行实际操作来评估交互设计的方法。设计师可以设置一系列任务，观察用户完成任务的过程和结果，收集用户的反馈和建议。通过可用性测试法，设计师可以发现交互设计中存在的问题和不足，及时进行改进和优化。

5. 原型迭代法

原型迭代法是一种通过不断制作和测试原型来优化交互设计的方法。设计师可以根据用户反馈和需求变化，不断对原型进行调整和改进，直至达到满意的效果。原型迭代法有助于设计师快速验证设计方案的可行性，减少开发风险，提升产品的竞争力。

（三）注意事项

在进行交互设计时，设计师需要注意以下几点。

保持与用户的沟通和反馈。设计师需要不断了解用户的需求和反馈，及时调整设计方案，确保设计符合用户的期望和需求。

注重设计的可用性和易用性。设计师需要关注用户的使用习惯和操作流程，确保设计能够方便用户快速完成任务，降低用户的学习成本。

平衡创新与实用性。设计师在追求创新的同时，需要确保设计的实用性和可行性，避免过于复杂或难以实现的设计方案。

与团队成员保持协作和沟通。交互设计需要与产品经理、开发人员等其他团队成员紧密合作，确保设计方案能够顺利实施和落地。

综上所述，交互设计的流程与方法涵盖了需求分析、用户研究、概念设计、原型设计、用户测试与迭代等多个环节。设计师需要遵循这些流程和方法，结合实际情况和用户需求，打造出优秀的交互设计方案。同时，设计师还需要不断学习和探索新的设计理念和技术，提升自己的设计能力和水平。

三、界面与交互设计的优化策略

界面与交互设计在现代软件开发和产品设计过程中占据了至关重要的地位。优秀的界面和交互设计不仅能提升用户的使用体验，还能促进产品的市场推广和品牌价值的提升。

（一）界面设计的优化策略

1. 简化界面元素

界面设计应追求简洁明了，避免过多的元素和复杂的布局。设计师应精简界面中的信息，突出核心功能，减少用户的认知负担。通过合理的布局和配色，使界面看起来更加清爽、易读。

2. 提升视觉一致性

保持视觉一致性有助于增强用户的识别度和记忆度。设计师应统一界面中的字体、颜色、图标等元素，确保它们在整体风格上保持一致。同时，注意界面元素的排列顺序和间距，使界面整体呈现出协调、美观的效果。

3. 突出核心功能

在界面设计中，应将核心功能置于显眼的位置，以吸引用户的注意力。通过强调色彩、增大字体、添加动画等方式，突出核心功能的重要性，使用户能够快速找到所需功能。

4. 优化导航设计

导航设计是界面设计中不可忽视的一环。设计师应提供清晰、简洁的导航菜单，确保用户能够方便地在各个页面之间进行跳转。同时，考虑使用面包屑导航、侧边栏导航等辅助导航方式，帮助用户快速定位所需信息。

（二）交互设计的优化策略

1. 简化操作流程

交互设计应尽可能简化用户的操作流程，降低用户的学习成本。设计师应深入了解用户的使用习惯和需求，设计出符合用户直觉的交互方式。同时，优化操作步骤，减少不必要的点击和等待时间，提高用户的使用效率。

2. 提供明确的反馈

用户在使用产品时，需要及时了解操作的结果和状态。设计师应为用户提供明确的反馈，如按钮点击后的状态变化、任务完成后的提示信息等。通过反馈机制，增强用户与产品之间的互动，提升用户的使用体验。

3. 设计易错的预防和纠错机制

在用户使用产品过程中，难免会出现误操作或错误输入的情况。设计师应设计易错的预防和纠错机制，如设置默认值、提供撤销操作等，帮助用户及时纠正错误，避免造成不必要的困扰。

4. 引入个性化设计

个性化设计是提升用户体验的重要手段。设计师可以根据用户的喜好和习惯，为其提供个性化的界面和交互方式。例如，根据用户的浏览记录推荐相关内容、提供定制化的主题和皮肤等。通过个性化设计，增强用户对产品的归属感和忠诚度。

（三）跨平台与多设备适配

随着移动互联网的普及，用户可能在不同设备上使用产品。因此，界面与交互设计需要考虑跨平台和多设备的适配问题。设计师应确保界面在不同屏幕尺寸和分辨率下都能保持良好的显示效果和用户体验。同时，针对不同设备的交互特点，调整和优化交互方式，确保用户能够在各种设备上流畅地使用产品。

（四）数据驱动的优化

数据是优化界面与交互设计的重要依据。设计师应通过收集和分析用户行为数据、反馈数据等，了解用户的使用情况和需求变化。基于数据结果，对界面和交互设计进行有针对性的优化和改进。例如，根据用户点击热力图调整按钮位置、根据用户反馈优化操作流程等。通过数据驱动的优化策略，不断提升产品的用户体验和市场竞争力。

（五）持续迭代与改进

界面与交互设计是一个持续迭代和改进的过程。设计师应保持对用户反馈和市场变化的敏感性，及时调整和优化设计方案。同时，与产品经理、开发人员等其他团队成员保持紧密合作，确保设计方案能够顺利实施和落地。通过持续迭代和改进，不断提升产品的用户体验和品牌价值。

综上所述，界面与交互设计的优化策略涵盖了简化界面元素、提升视觉一致性、突出核心功能、优化导航设计等多个方面。设计师应综合考虑用户需求、产品特点和市场环境等因素，制定出符合实际需求的优化方案。同时，注重跨平台与多设备适配、数据驱动的优化及持续迭代与改进等方面的工作，不断提升产品的用户体验和市场竞争力。

第四节　旅游文创产品的情感化设计

一、情感化设计的理念与原则

情感化设计，作为一种以用户情感需求为核心的设计理念，近年来，在产品设计、界面设计、用户体验设计等领域得到了广泛的关注和应用。它强调在设计中注重用户的情感体验，通过触动用户的情感，实现产品与用户之间的深度连接。

（一）情感化设计的理念

1. 以人为本的设计理念

情感化设计的核心理念是以人为本，关注用户的情感需求和心理体验。它强调设计师需要深入了解用户的情感世界，从用户的角度出发，设计出能够触动用户情感的产品或服务。这种设计理念要求设计师在设计中充分考虑用户的情感反应，以创造更加人性化和温馨的用户体验。

2. 情感与功能的融合

情感化设计并不意味着只关注情感而忽视产品的功能。相反，它强调情感与功能的融合，即在满足产品基本功能需求的基础上，通过设计元素、色彩、材质等手段，赋予产品情感价值，提升用户的情感体验。这种融合使得产品不仅具有实用性，还具有情感吸引力，从而增强用户对产品的认同感和忠诚度。

3. 创造独特的情感体验

情感化设计旨在通过设计创造出独特的情感体验，使用户在使用产品或服务的过程中产生愉悦、满足、惊喜等积极情感。这种独特的情感体验有助于形成品牌特色，提升产品的市场竞争力。同时，它也有助于建立用户与产品之间的情感纽带，促进用户与品牌之间的长期互动和关系维护。

（二）情感化设计的原则

1. 深入了解用户情感需求

情感化设计的首要原则是深入了解用户的情感需求。设计师需要通过市场调研、用户访谈、问卷调查等方式，收集用户的情感信息，了解他们的喜好、需求、期望等。这些信息为设计师提供了宝贵的参考，有助于他们设计出更加符合用户情感需求的产品。

2. 设计具有情感共鸣的元素

情感化设计需要运用具有情感共鸣的设计元素，如色彩、形状、材质等。这些元素能够触发用户的情感反应，使他们在使用产品或服务的过程中产生共鸣。例如，温暖的色调可以带来舒适和放松的感觉，圆润的形状可以传递出友善和亲和力的信息。设计师需要巧妙地运用这些元素，以创造出具有情感吸引力的设计。

3. 营造积极的情感氛围

情感化设计应致力于营造积极的情感氛围，使用户在使用产品或服务的过程中感受到愉悦和满足。这可以通过优化界面设计、提升交互体验、创造舒适的使用环境等方式实现。同时，设计师还需要关注用户在使用过程中可能出现的消极情感，如焦虑、困惑等，并通过设计手段进行化解和缓解。

4. 保持设计的简洁与直观

情感化设计并不意味着过度复杂和繁琐。相反，它强调设计的简洁与直观。过于复杂的设计可能会使用户感到困惑和疲惫，从而影响他们的情感体验。因此，设计师需要在满足功能需求的基础上，尽量简化设计元素和操作流程，使用户能够轻松地理解和使用产品。

5. 不断迭代与优化

情感化设计是一个持续迭代和优化的过程。设计师需要密切关注用户的反馈和体验数据，及时发现问题并进行改进。通过不断优化设计，提升用户的情感体验，使产品更加符合用户的期望和需求。

（三）情感化设计的实践应用

情感化设计在各个领域都有着广泛的应用。例如，在智能家居领域，设计师可以通过温馨的色调、人性化的交互方式等手段，创造出舒适和温馨的家庭氛围；在医疗领域，设计师可以运用柔和的色彩和舒缓的线条，缓解患者的紧张情绪，提升他们的就医体验；在游戏设计领域，设计师可以通过丰富的故事情节、生动的角色形象等方式，激发玩家的情感共鸣，提升游戏的吸引力。

情感化设计作为一种以用户情感需求为核心的设计理念，为产品设计和用户体验提升提供了新的思路和方法。通过深入了解用户情感需求、设计具有情感共鸣的元素、营造积极的情感氛围等方式，设计师可以创造出更加符合用户情感需求的产品或服务，提升用户的满意度和忠诚度。

未来，随着人工智能、大数据等技术的不断发展，情感化设计将有更多的可能性和发展空间。设计师需要不断学习和探索新的设计理念和技术手段，以适应不断变化的市场需求和用户期望。同时，他们还需要注重跨学科的合作与交流，将情感化设计与其他领域的知识相结合，创造出更加丰富和多元的设计作品。

总之，情感化设计是一种以人为本、注重用户情感体验的设计理念。它强调情感与功能的融合，致力于创造出独特的情感体验。通过遵循深入了解用户情感需求、设计具有情感共鸣的元素等原则，设计师可以为用户带来更加愉悦和满意的使用体验。

二、情感化设计的方法与技巧

情感化设计，作为现代设计领域的一种重要趋势，致力于将用户的情感需求融入产品或服务的设计之中。它不仅仅关注产品的实用性和功能性，更关注用户在使用过程中的情感体验。

（一）情感化设计的方法

1. 用户情感映射

用户情感映射是情感化设计的基础方法之一。设计师需要通过市场调研、用户访谈、问卷调查等手段，深入了解用户的情感需求和体验。将用户的情感反应映射到产品或服务的各个环节，从而找出设计中的情感触发点，为设计提供有针对性的指导。

2. 故事化设计

故事化设计是一种通过讲述故事来激发用户情感的方法。设计师可以通过构思一个与用户相关的故事，将产品或服务融入其中，使用户在体验产品的同时，也能感受到故事所传达的情感价值。这种方法有助于增强用户与产品之间的情感连接，提升用户的忠诚度。

3. 情感化原型测试

情感化原型测试是在设计过程中，通过制作初步的产品原型，邀请用户进行体验并收集他们的情感反馈。这种方法可以帮助设计师及时发现设计中的情感缺陷，从而进行有针对性的改进。通过不断的原型测试和优化，设计师可以逐渐完善产品的情感化设计。

（二）情感化设计的技巧

1. 运用色彩心理学

色彩在情感化设计中具有举足轻重的作用。不同的色彩能够引发不同的情感反应。设计师需要了解色彩心理学的基本原理，根据产品的定位和目标用户的需求，选择合适的色彩搭配。例如，暖色调通常能够带来温馨、舒适的感觉，适合用于家居用品的设计；而冷色调则能够传达出冷静、专业的氛围，适合用于科技产品的设计。

2. 利用形态语言

产品的形态也是情感化设计的重要元素之一。设计师可以通过对产品形态的巧妙设计，传达出特定的情感信息。例如，圆润的形态能够给人带来亲和力和温暖感，适合用于儿童用品的设计；而尖锐的形态则能够传递出力量感和现代感，适合用于运动或科技产品的设计。

3. 营造触感体验

触感是用户与产品直接接触时的感受，对于情感化设计同样具有重要意义。设计师需要关注产品的材质选择、表面处理等方面，以营造出符合用户情感需求的触感体验。例如，柔软的材质能够带来舒适和放松的感觉，适合用于床上用品的设计；而光滑的材质则能够传达出高端和精致的感觉，适合用于奢侈品的设计。

4. 融入文化元素

文化元素是情感化设计中不可忽视的一部分。设计师需要了解目标用户所处的文化背景和价值观，将文化元素巧妙地融入产品中，以增强用户的文化认同感和情感共鸣。例如，在设计具有民族特色的产品时，可以运用传统的图案、符号或色彩，以体现产品的文化内涵。

5. 借助声音与动效

声音与动效也是情感化设计的重要手段。通过精心设计的音效和动画效果，可以为用户带来更加丰富的情感体验。例如，在 App 设计中，可以通过点击按钮时产生的悦耳音效或过渡动画，增强用户的互动体验；在游戏设计中，则可以通过音效和背景音乐来营造紧张刺激或轻松愉快的氛围。

（三）情感化设计的实践建议

1. 注重细节处理

情感化设计往往体现在细节之处。设计师需要关注产品的每一个细节，从细节处入手，营造出符合用户情感需求的设计效果。例如，在产品包装设计中，可以通过精美的印刷工艺和独特的包装结构，提升产品的整体质感。

2. 保持设计的一致性

一致性是情感化设计中需要遵循的重要原则。设计师需要确保产品在不同场景下的情感体验保持一致，避免出现断裂或冲突的情况。这要求设计师在设计过程中保持清晰的思路，确保设计元素和风格的一致性。

3. 不断创新与尝试

情感化设计是一个不断创新和尝试的过程。设计师需要保持敏锐的洞察力和创造力，不断探索新的设计方法和技巧。通过不断的实践和总结，设计师可以不断提升自己的情感化设计能力，为用户带来更加出色的产品体验。

情感化设计作为一种注重用户情感体验的设计理念和方法，为现代设计领域带来了新的思考和可能性。通过运用色彩心理学、形态语言、触感体验等方法与技巧，设计师可以创造出更加符合用户情感需求的产品或服务。未来，随着人工智能、大数据等技术的不断发展，情感化设计将拥有更加广阔的应用前景和发展空间。设计师们需要不断学习和探索新的设计理念和技术手段，以应对不断变化的市场需求和用户期望。

三、情感化设计在产品设计中的应用案例

情感化设计作为现代产品设计的重要理念，旨在通过深入洞察用户的情感需求，创造出能够触动人心的产品。它不仅关注产品的实用性和功能性，更强调产品与用户之间的情感连接。下面将通过几个具体的应用案例，探讨情感化设计在产品设计中的实际应用及其效果。

（一）智能家居产品：营造温馨的家庭氛围

随着智能家居技术的快速发展，越来越多的家庭开始采用智能家居产品，以提升生活的便捷性和舒适度。在这一领域中，情感化设计的应用显得尤为重要。

以某品牌的智能音箱为例，该产品在设计中充分考虑了用户的情感需求。在外观方面，采用了圆润柔和的曲线设计，搭配温馨柔和的色调，给人一种亲切、温暖的感觉。在功能方面，除了基本的语音助手功能外，还加入了音乐播放、家庭互动等多元化功能，使用户能够在使用过程中感受到更多的乐趣和便利。

此外，该智能音箱还具备情感化的交互设计。当用户回家时，音箱会主动问候并播放用户喜欢的音乐，营造出温馨的家庭氛围。当用户感到疲惫时，音箱可以播放舒缓的音乐，帮助用户放松身心。这种情感化的交互设计不仅提升了用户的使用体验，还增强了用户与产品之间的情感连接。

（二）儿童玩具产品：激发孩子的想象力和创造力

儿童玩具是情感化设计应用的另一个重要领域。通过运用情感化设计的理念和方法，可以创造出更加符合儿童心理需求、能够激发他们想象力和创造力的玩具产品。

以某品牌的儿童积木玩具为例，该产品在设计中注重了儿童的情感需求和认知特点。首先，在色彩选择上，采用了鲜艳、活泼的色彩搭配，以吸引孩子的注意力并激发他们的兴趣。其次，在形状设计上，采用了多样化的积

木形状，孩子可以根据自己的想象和创意进行自由组合和搭建。这种开放性的设计方式不仅能够激发孩子的想象力和创造力，还能够培养他们的动手能力和空间认知能力。

此外，该儿童积木玩具还融入了情感化的故事元素。每一套积木都配备了一个有趣的故事情节和角色设定，孩子可以在搭建积木的同时，通过角色扮演和故事演绎，进一步加深与玩具之间的情感联系。

（三）电子产品：提升用户的情感体验

电子产品作为现代生活的必需品，其设计也越来越注重情感化元素的融入。通过运用情感化设计的理念和方法，可以提升电子产品的用户体验和情感价值。

以某品牌的智能手机为例，该手机在设计中充分考虑了用户的情感需求和使用习惯。在外观上，采用了简洁、流畅的线条和舒适的握持感，让用户在使用过程中感受到舒适和愉悦。在功能上，该手机加入了许多人性化的设计元素，如智能识别用户的使用习惯并自动调整设置、根据用户的情绪变化推荐相应的音乐或视频等。这些情感化的设计元素不仅提升了用户的使用体验，还让用户感受到了手机带来的温暖和关怀。

此外，该智能手机还注重与用户的情感互动。通过智能语音助手和 AI 技术，手机能够与用户进行自然的对话和交流，了解用户的需求和情感状态，并提供相应的帮助和支持。这种情感化的互动方式不仅增强了用户与手机之间的情感连接，还提升了用户对品牌的忠诚度和认可度。

（四）案例分析总结

通过以上几个案例的分析，我们可以看到情感化设计在产品设计中的应用广泛而深入。无论是智能家居产品、儿童玩具产品还是电子产品，情感化设计都能够通过深入洞察用户的情感需求，创造出更加符合用户心理期待的产品。这些产品不仅能够满足用户的实用需求，还能够与用户建立深厚的情感联系，成为用户生活中的一部分。

然而，情感化设计并非一蹴而就的过程。它需要设计师具备深入的用户洞察能力、丰富的设计经验和创新思维。同时，还需要借助先进的技术手段和工具来实现设计的理念和目标。因此，对于设计师来说，不断学习和探索新的设计方法和技巧，保持对市场和用户需求的敏锐洞察力，是实现情感化设计的关键。

未来，随着科技的不断进步和人们生活水平的提高，情感化设计将在产品设计领域发挥更加重要的作用。我们有理由相信，通过情感化设计的不断创新和实践，我们将能够创造出更多能够触动人心的产品，为人们的生活带来更多的美好和幸福。

第五节 旅游文创产品的可用性测试与优化

一、可用性测试的方法与步骤

随着科技的快速发展和人们对产品体验要求的提高，可用性测试在产品设计中的重要性日益凸显。可用性测试旨在评估产品是否易于使用、是否符合用户期望，以及是否能够有效满足用户需求。

（一）可用性测试的定义与重要性

可用性测试是一种评估产品是否易于被特定用户群体使用的系统化方法。它关注用户在使用产品过程中的体验，包括操作便捷性、界面清晰度、信息传达效率等方面。通过可用性测试，设计师和产品经理能够发现产品中存在的问题，进而进行优化改进，提升用户满意度和产品竞争力。

（二）可用性测试的方法

1. 问卷调查法

问卷调查法是一种常用的可用性测试方法，通过设计问卷并向目标用户发放，收集他们对产品使用过程中的体验感受、遇到的问题及改进建议等信息。问卷调查法具有操作简便、成本较低的优点，但需要注意问卷设计的合理性和有效性，以确保收集到的信息具有代表性和可靠性。

2. 用户访谈法

用户访谈法是通过与用户进行面对面或在线交流，深入了解他们在使用产品过程中的实际体验。这种方法能够直接获取用户的反馈和建议，有助于发现产品中的潜在问题。但需要注意的是，用户访谈需要耗费较多的时间和精力，且访谈结果可能受到访谈者技巧和经验的影响。

3. 观察法

观察法是通过观察用户在实际环境中使用产品的情况，记录他们的操作行为、反应和遇到的问题。这种方法能够直观地了解用户在使用产品时的真实体验，有助于发现设计缺陷和优化方向。但观察法需要确保观察环境的真实性和代表性，以避免干扰因素对结果的影响。

4. 任务分析法

任务分析法是通过设定一系列任务，让用户在使用产品过程中完成这些任务，从而评估产品的可用性。这种方法能够量化地评估产品在完成任务方面的表现，有助于发现影响任务完成效率的因素。但任务分析法需要确保任务设计的合理性和代表性，以反映用户在实际使用场景中的需求。

（三）可用性测试的步骤

1. 明确测试目的与范围

在进行可用性测试之前，需要明确测试的目的和范围，例如评估产品的整体可用性、针对特定功能的可用性等。同时，还需确定目标用户群体和测试环境，以确保测试结果的准确性和有效性。

2. 制订测试计划

根据测试目的和范围，制订详细的测试计划，包括测试时间、地点、人员分工、测试流程等。确保测试计划能够全面覆盖产品的各个方面，以发现潜在问题。

3. 选择测试方法

根据产品特点和测试需求，选择合适的测试方法。可以综合运用问卷调查法、用户访谈法、观察法和任务分析法等多种方法，以获取更全面的用户反馈。

4. 招募测试用户

根据目标用户群体的特征，招募具有代表性的用户参与测试。确保测试用户能够真实反映目标用户的需求和使用习惯。

5. 进行测试并记录数据

按照测试计划进行测试，记录用户在使用产品过程中的操作行为、反应和遇到的问题。同时，注意收集用户的反馈和建议，以便后续分析和改进。

6. 分析测试结果

对收集到的数据进行整理和分析，找出产品中存在的问题和不足之处。根据问题的严重性和影响范围，制订优先级列表，为后续的改进工作提供依据。

7. 制定改进方案并实施

根据测试结果和分析，制定有针对性的改进方案。对产品设计、界面布局、操作流程等方面进行优化调整，以提升产品的可用性。同时，将改进后的产品再次进行测试，确保问题得到有效解决。

8. 撰写测试报告

将测试过程、结果和改进方案整理成报告，供团队成员参考。报告应包含测试目的、方法、结果分析、改进方案、实施效果等内容，以便团队成员了解产品可用性的现状和未来改进方向。

可用性测试是提升产品用户体验和竞争力的关键环节。通过选择合适的方法和步骤进行可用性测试，设计师和产品经理能够深入了解用户需求和期望，发现产品中的问题并进行优化改进。未来，随着人工智能和大数据技术的发展，可用性测试将更加智能化和精准化，为产品设计提供更加有力的支持。因此，我们应不断学习和掌握新的可用性测试方法和技术，以应对日益复杂和多变的市场需求。

二、测试结果的分析与解读

在可用性测试中，收集到的数据是宝贵的信息资源，如何正确分析这些数据，从而得出有效的结论，是测试过程中的重要环节。测试结果的分析与解读不仅关乎产品优化的方向，更直接影响到用户体验的改善。

（一）数据整理与分类

首先，对收集到的测试数据进行整理，按照测试任务、用户反馈、操作行为等维度进行分类。将相同或相似的数据归为一类，以便后续的分析。同时，注意保持数据的完整性和准确性，避免在整理过程中出现遗漏或错误。

（二）任务完成情况分析

任务完成情况是衡量产品可用性的重要指标之一。通过分析用户在完成任务过程中的表现，可以评估产品的易用性和效率。具体来说，可以从以下几个方面进行分析。

任务完成率：统计用户成功完成任务的比例，了解产品在不同任务上的表现差异。对于完成率较低的任务，需要重点关注并找出原因。

完成时间：记录用户完成每个任务所需的时间，分析产品在操作效率方面的表现。对于耗时较长的任务，可以考虑优化操作流程或提供辅助工具以提高效率。

错误率：统计用户在完成任务过程中出现的错误次数和类型，分析产品在设计或功能上的缺陷。对于高频错误或严重错误，需要优先进行改进。

（三）用户反馈分析

用户反馈是了解用户需求和期望的重要途径。通过分析用户的反馈意见，可以发现产品中存在的问题和改进方向。在分析用户反馈时，可以关注以下几个方面。

满意度评价：统计用户对产品的整体满意度以及对各功能的满意度评价，了解产品在用户心中的地位和影响力。对于满意度较低的部分，需要深入探究原因并制定改进措施。

改进建议：收集用户对产品的改进建议，分析这些建议的合理性和可行性。对于具有普遍性和重要性的建议，可以纳入产品优化计划。

情感倾向：通过分析用户的语言和表达方式，判断他们对产品的情感倾向。对于负面情感较多的用户，可以进一步了解他们的使用体验和需求，以便更好地满足他们的期望。

（四）操作行为分析

操作行为分析是了解用户使用习惯和偏好的重要手段。通过分析用户在测试过程中的操作行为，可以发现产品在设计或交互上的不足。具体操作行为分析可以从以下几个方面进行。

操作路径：记录用户在完成任务过程中的操作路径，分析产品在设计上是否存在引导不足或流程繁琐的问题。对于不合理的操作路径，可以考虑优化界面布局或提供明确的引导信息。

交互动作：观察用户在操作过程中的交互动作，如点击、滑动、缩放等，分析产品在交互设计上的优缺点。对于用户反馈不佳的交互动作，可以考虑改进交互方式或增加辅助功能以提高用户体验。

热点图分析：利用热点图工具记录用户在界面上的点击和浏览情况，分析用户对界面的关注点和兴趣点。通过热点图分析，可以发现界面设计中存在的问题并进行优化调整。

（五）综合分析与结论

在分别分析了任务完成情况、用户反馈和操作行为后，需要将这些分析结果进行综合，得出关于产品可用性的整体结论。综合分析时，需要关注以下几个方面。

问题汇总与分类：将分析过程中发现的问题进行汇总和分类，明确问题的性质和严重程度。这有助于确定改进工作的优先级和重点。

原因分析：针对每个问题，进行深入的原因分析，找出导致问题的根本原因。这有助于制定有效的改进措施并避免类似问题的再次出现。

改进建议：根据问题分析和原因分析的结果，提出具体的改进建议。这些建议应涵盖产品设计、功能优化、交互改进等多个方面，以提升产品的整体可用性。

通过对测试结果的分析与解读，我们可以深入了解产品的可用性现状以及存在的问题。这为产品优化提供了有力的依据和方向。未来，随着技术的不断发展和用户需求的不断变化，我们需要持续关注并改进产品的可用性，以提供更好的用户体验。同时，我们还应不断探索新的测试方法和分析技术，以提高测试效率和准确性，为产品设计和改进提供更加有力的支持。

综上所述，测试结果的分析与解读是可用性测试过程中不可或缺的一环。通过科学、系统地分析测试数据，我们可以得出有效的结论和建议，为产品的优化和改进提供有力的支撑。

三、基于测试结果的优化策略

在可用性测试中，我们收集了大量关于产品使用情况的宝贵数据，这些数据为我们提供了用户在使用产品过程中的真实反馈和体验。基于这些测试结果，我们可以制定出有针对性的优化策略，以改善产品的可用性，提升用户体验。

（一）问题分析与定位

首先，我们需要对测试结果进行深入的分析，找出产品中存在的问题和不足。这些问题可能涉及到产品的界面设计、操作流程、交互方式等多个方面。通过用户反馈、操作记录等数据的综合分析，我们可以定位问题的具体位置和原因。

在定位问题时，我们需要关注以下几个方面。

用户反馈的共性问题：通过分析用户反馈，我们可以发现一些普遍存在的问题或用户不满意的地方。这些问题往往具有代表性，是优化工作的重点。

操作流程的瓶颈：通过观察用户的操作记录，我们可以发现一些用户在完成特定任务时遇到的困难或瓶颈。这些瓶颈可能来自于操作流程的不合理、界面设计的不清晰等原因。

交互设计的不足：交互设计的优劣直接影响到用户的操作体验和效率。通过测试数据，我们可以发现一些交互设计上的不足，如按钮位置不合理、提示信息不明确等。

（二）优化策略制定

在定位问题后，我们需要根据问题的性质和严重程度，制定出相应的优化策略。优化策略的制定应遵循以下原则。

以用户为中心：优化策略应始终以用户的需求和体验为出发点，确保改进后的产品能够更好地满足用户的期望。

针对性强：针对定位到的问题，制定具体的改进措施，避免一刀切或泛泛而谈。

可行性高：优化策略应具有实际可行性，考虑到技术实现、成本投入等因素，确保改进措施能够顺利实施。

基于以上原则，我们可以从以下几个方面制定优化策略。

界面设计优化：针对界面设计中存在的问题，如布局不合理、颜色搭配不当等，进行改进。优化界面设计，使其更加简洁明了、易于理解，提高用户的视觉体验。

操作流程优化：针对操作流程中的瓶颈和不合理之处，进行改进。优化操作流程，简化操作步骤，降低用户的操作难度和成本，提高任务完成效率。

交互设计优化：针对交互设计上的不足，如按钮位置不合理、提示信息不明确等，进行改进。优化交互设计，提高用户的操作便捷性和准确性，减少误操作的可能性。

（三）实施方案与执行

制定好优化策略后，我们需要制定具体的实施方案和执行计划。实施方案应明确各项改进措施的具体内容、实施步骤和时间节点，确保改进措施能够有序进行。同时，我们还需要建立一支专业的执行团队，负责实施方案的执行和监控。

在执行过程中，我们需要注意以下几个方面。

保持沟通协作：执行团队应与其他相关部门保持密切的沟通协作，确保改进措施能够与其他工作相互衔接，避免出现冲突或重复劳动。

监控实施效果：定期对实施效果进行监控和评估，及时发现问题并进行调整。通过数据分析和用户反馈，了解改进措施的实际效果，为后续的优化工作提供参考。

持续改进：优化工作是一个持续的过程，我们需要不断收集用户反馈和测试数据，发现新的问题并制定新的优化策略。通过持续改进，不断提升产品的可用性和用户体验。

基于测试结果的优化策略是提升产品可用性和用户体验的关键环节。通过对测试结果的分析与解读，我们可以发现产品中存在的问题和不足，并制定出有针对性的优化策略。通过实施这些优化策略，我们可以改善产品的界面设计、操作流程和交互方式等多个方面，提升用户的操作体验和满意度。

然而，优化工作并非一蹴而就的过程。我们需要持续关注用户反馈和测试数据，不断发现新的问题并制定新的优化策略。同时，我们还应积极探索新的测试方法和分析技术，提高测试效率和准确性，为优化工作提供更加有力的支持。

展望未来，随着科技的不断发展和用户需求的不断变化，产品的可用性和用户体验将面临更高的要求。我们需要不断创新和改进，以满足用户的期望和需求。通过不断优化产品，我们可以提升企业的竞争力，赢得更多用户的信任和支持。

综上所述，基于测试结果的优化策略是提升产品可用性和用户体验的重要途径。我们需要深入分析测试结果，制定有针对性的优化策略，并有序执行和持续改进。只有这样，我们才能不断提升产品的质量和竞争力，赢得更多用户的青睐。

第七章　旅游文创产品设计的产学研合作模式

第一节　产学研合作模式在旅游文创产品设计中的应用

一、产学研合作模式的基本类型

产学研合作是指产业界、学术界和科研机构之间为实现共同目标而进行的紧密合作。这种合作模式不仅有助于促进科技创新和产业升级，还能加强人才培养和推动社会经济的持续发展。

产学研合作是一种跨界的合作模式，旨在通过整合产业、学术和科研资源，实现优势互补和资源共享。这种合作模式有助于推动科技创新成果的转化和应用，提高产业竞争力，同时也有助于培养具备创新能力和实践经验的高素质人才。

（一）产学研合作模式的基本类型

1. 技术转让模式

技术转让模式是产学研合作中最常见的一种形式。在这种模式下，科研机构或高校将其研发的新技术、新成果转让给企业，由企业进行后续的产业化开发和应用。这种模式有利于企业快速获取新技术，提高产品竞争力，同时也为科研机构和高校带来一定的经济收益。然而，技术转让模式也面临着技术评估、定价、风险控制等挑战。

2. 联合研发模式

联合研发模式是产学研合作中较为深入的一种形式。在这种模式下，产业界、学术界和科研机构共同投入人力、物力和财力，针对某一特定技术或产品进行联合研发。联合研发模式有助于整合各方资源，提高研发效率和质量，同时也加强了产学研之间的紧密合作。然而，联合研发模式需要建立良好的沟通机制和利益分配机制，以确保合作的顺利进行。

3. 共建实体模式

共建实体模式是产学研合作中较为长期和稳定的一种形式。在这种模式下，产业界、学术界和科研机构共同出资设立研发机构、实验室或产业园区等实体，实现资源的共享和优势互补。共建实体模式有助于形成稳定的产学研合作机制，推动科技创新和产业升级。然而，共建实体模式需要投入大量的资金和人力资源，且合作周期长，风险较大。

4. 人才培养模式

人才培养模式是产学研合作中关注人才培养的一种形式。在这种模式下，产业界、学术界和科研机构通过合作开展实习实训、课程设计、项目合作等方式，共同培养具备创新能力和实践经验的高素质人才。人才培养模式有助于提高学生的实践能力和就业竞争力，同时也为企业提供了优秀的人才资源。然而，人才培养模式需要建立良好的合作机制和教学体系，以确保教育质量和人才培养效果。

5. 咨询服务模式

咨询服务模式是产学研合作中提供专业服务的一种形式。在这种模式下，科研机构或高校的专家团队为企业提供技术咨询、市场调研、战略规划等服务，帮助企业解决技术难题和市场问题。咨询服务模式有助于企业获取专业的技术支持和决策建议，提高经营效率和市场竞争力。然而，咨询服务模式需要确保服务质量和专业性，以建立长期的合作关系。

（二）产学研合作模式的优势与挑战

产学研合作模式的优势主要体现在以下几个方面：一是实现资源共享和优势互补，提高科技创新效率；二是推动科技成果的转化和应用，促进产业升级；三是加强人才培养，提高人才素质；四是促进企业、高校和科研机构之间的交流与合作，推动社会经济的持续发展。

然而，产学研合作模式也面临着一些挑战。首先，合作各方在利益分配、风险承担等方面可能存在分歧，需要建立有效的合作机制和利益协调机制。其次，不同领域的产学研合作可能存在沟通障碍和技术壁垒，需要加强跨学科交流和合作。此外，产学研合作还需要关注知识产权保护、法律法规等问题，确保合作的合法性和可持续性。

产学研合作模式在推动科技创新、产业升级和人才培养等方面具有重要作用。不同的合作模式各具特点，适用于不同的合作需求和场景。在实际应用中，应根据具体情况选择合适的合作模式，并充分发挥其优势，克服挑战，实现产学研合作的共赢发展。

展望未来，随着科技的不断进步和产业的不断升级，产学研合作模式将继续发挥重要作用。未来，我们可以期待产学研合作在更多领域、更深层次上展开，为科技创新和社会经济发展注入更多动力。同时，我们也需要关注产学研合作中出现的新问题和新挑战，不断完善合作机制和政策体系，推动产学研合作向更高水平发展。

综上所述，产学研合作模式是实现科技创新和产业升级的重要途径。通过深入了解各种合作模式的特点和优势，我们可以更好地发挥产学研合作的作用，推动社会经济的持续发展和进步。

二、产学研合作模式在产品设计中的实践案例

随着科技的不断进步和市场竞争的日益激烈，产品设计在产品研发中的重要性日益凸显。产学研合作模式作为一种有效的资源整合方式，在产品设

计领域得到了广泛应用。

（一）产学研合作模式概述及其在产品设计中的意义

产学研合作模式是指产业界、学术界和科研机构之间以共同目标为导向，通过资源整合和优势互补，实现科技创新和产业发展的合作模式。在产品设计领域，产学研合作模式有助于将最新的科技成果和设计理念引入产品设计中，提高产品的创新性和市场竞争力。同时，通过产学研合作，企业可以获得高校和科研机构的智力支持，解决产品设计中的技术难题，提升产品的技术含量和附加值。

（二）产学研合作模式在产品设计中的实践案例

案例一：智能家居产品设计

某智能家居企业通过与高校和科研机构合作，共同研发了一款新型智能家居控制系统。在合作过程中，企业提供了市场需求和产品定位等关键信息，高校和科研机构则提供了先进的技术支持和设计理念。通过多次沟通和交流，团队成功研发出了一款具有高度智能化、人性化设计的智能家居控制系统。该产品不仅满足了消费者的需求，还获得了市场的广泛认可。

在这个案例中，产学研合作模式的优势得到了充分体现。企业、高校和科研机构之间的紧密合作，使得产品设计能够充分融合市场需求和技术创新，实现了产品的快速迭代和优化。同时，在合作过程中形成的团队协作和知识共享机制，也为后续的产品研发提供了有力的支持。

案例二：医疗器械产品设计

某医疗器械企业针对市场上现有产品的不足，与一所医科大学和一家科研机构合作，共同研发一款新型医疗器械。在合作过程中，企业提供了市场反馈和产品改进建议，医科大学和科研机构则提供了医学知识和技术支持。经过多次实验和改进，团队成功研发出了一款具有更高精度、更安全可靠的新型医疗器械。该产品的推出，不仅提高了企业的市场竞争力，还为医疗行业的发展作出了贡献。

在这个案例中，产学研合作模式同样发挥了重要作用。通过整合医学、工程和科研等多方面的资源，团队成功克服了技术难题，实现了产品的创新升级。同时，在合作过程中形成的跨学科交流和合作机制，也为后续的医疗器械研发提供了宝贵的经验。

（三）产学研合作模式在产品设计中的成效分析

通过以上两个案例可以看出，产学研合作模式在产品设计中的应用取得了显著的成效。首先，产学研合作有助于提升产品的创新性和技术含量，使产品能够更好地满足市场需求和消费者期望。其次，产学研合作能够促进企业、高校和科研机构之间的知识共享和技术交流，形成优势互补和资源共享的良好局面。最后，产学研合作还能够培养一支具备跨学科知识和实践经验的高素质产品设计团队，为企业的长远发展提供有力的人才保障。

（四）产学研合作模式在产品设计中的挑战与对策

尽管产学研合作模式在产品设计中取得了显著的成效，但在实际应用过程中也面临一些挑战。首先，合作各方在利益分配、知识产权保护等方面可能存在分歧和争议。为了解决这些问题，需要建立健全的合作机制和利益协调机制，确保各方的权益得到充分保障。其次，产学研合作需要投入大量的时间和资源，且合作过程中可能出现技术瓶颈和沟通障碍。为了克服这些困难，需要加强合作各方的沟通和协调，建立稳定的合作关系和信任机制。此外，还需要关注政策环境、市场需求等外部因素的变化，及时调整合作策略和方向。

通过以上实践案例的分析可以看出，产学研合作模式在产品设计中的应用具有重要的现实意义和广泛的应用前景。通过产学研合作，企业可以充分利用高校和科研机构的智力资源和科技成果，提高产品的创新性和市场竞争力。同时，在合作过程中形成的团队协作和知识共享机制也有助于推动企业的持续发展和行业的不断进步。

展望未来，随着科技的不断进步和市场需求的不断变化，产学研合作模式在产品设计中的应用将更加广泛和深入。我们可以期待更多的企业、高校和科研机构加入到产学研合作的行列中来，共同推动产品设计领域的创新和发展。同时，我们也需要关注产学研合作中出现的新问题和新挑战，不断完善合作机制和政策体系，为产学研合作的顺利开展提供有力的保障和支持。

综上所述，产学研合作模式在产品设计中的应用是一种有效的资源整合方式，有助于提升产品的创新性和市场竞争力。通过加强产学研合作，我们可以推动产品设计领域的不断发展和进步，为社会的繁荣和进步作出更大的贡献。

三、产学研合作模式的成效分析

随着全球化的深入发展和科技的日新月异，产学研合作模式已经成为推动科技创新、产业升级和经济发展的重要手段。产学研合作是指产业界、学术界和科研机构之间为实现共同目标而进行的紧密合作，其目的在于整合各方资源，实现优势互补，促进科技创新和经济发展。

（一）产学研合作模式在科技创新方面的成效

产学研合作模式在科技创新方面的成效显著。通过合作，产业界可以获得学术界和科研机构的前沿科技成果和技术支持，从而加快新产品、新技术的研发速度，提高创新效率。同时，学术界和科研机构也可以从产业界获取实际需求和市场反馈，使科研方向更加贴近市场需求，提高科研成果的转化率和实用性。

此外，产学研合作还有助于推动跨学科、跨领域的创新合作。通过整合不同领域的知识和资源，合作各方可以共同攻克复杂的技术难题，推动科技创新的深入发展。这种合作模式有助于打破传统的学科壁垒和领域界限，促进知识的交叉融合和创新思维的碰撞。

（二）产学研合作模式在人才培养方面的成效

产学研合作模式在人才培养方面也取得了显著成效。通过合作，企业可以获得高校和科研机构的人才培养支持，包括实习实训、课程设计、项目合作等多种形式。这些合作方式有助于提高学生的实践能力和综合素质，使他们更好地适应市场需求和职业发展。

同时，产学研合作也为高校和科研机构提供了与产业界紧密合作的机会，使他们能够更深入地了解市场需求和产业发展趋势，从而调整人才培养方案和课程设置，更好地培养符合市场需求的高素质人才。这种合作模式有助于打破传统的人才培养模式，推动人才培养与产业需求的紧密结合。

（三）产学研合作模式在产业升级和经济发展方面的成效

产学研合作模式在产业升级和经济发展方面也发挥了重要作用。通过合作，企业可以引进新技术、新工艺和新设备，提高生产效率和产品质量，推动产业升级和转型。同时，产学研合作也有助于推动新兴产业的发展和壮大，为经济发展注入新的动力。

此外，产学研合作还有助于推动区域经济的协调发展。通过合作，不同地区的企业、高校和科研机构可以实现资源共享和优势互补，促进区域经济的均衡发展和整体竞争力的提升。这种合作模式有助于打破地域限制，推动资源的优化配置和经济的协调发展。

（四）产学研合作模式面临的挑战与对策

尽管产学研合作模式在多个方面取得了显著成效，但在实际应用中也面临着一些挑战。首先，合作各方在利益分配、风险承担等方面可能存在分歧，需要建立完善的合作机制和利益协调机制。其次，不同领域和行业的产学研合作可能存在沟通障碍和技术壁垒，需要加强跨学科、跨领域的交流与合作。此外，产学研合作还需要关注知识产权保护、法律法规等问题，确保合作的合法性和可持续性。

为了克服这些挑战并推动产学研合作的深入发展，可以采取以下对策：一是加强政策引导和支持，为产学研合作提供良好的政策环境和资金支持；二是建立完善的合作机制和利益协调机制，确保各方权益得到充分保障；三是加强人才培养和引进力度，为产学研合作提供充足的人才支持；四是加强知识产权保护和法律法规建设，为产学研合作提供有力的法律保障。

综上所述，产学研合作模式在科技创新、人才培养、产业升级和经济发展等方面取得了显著成效。通过合作，各方可以实现资源共享、优势互补和互利共赢，推动科技创新和经济社会的持续发展。然而，也需要正视产学研合作面临的挑战和问题，并采取有效措施加以解决。

展望未来，随着科技的不断进步和产业的不断升级，产学研合作模式将继续发挥重要作用。我们期待更多的企业、高校和科研机构加入到产学研合作的行列中来，共同推动科技创新和经济社会的发展。同时，我们也希望政府和社会各界能够给予产学研合作更多的关注和支持，为其提供更好的发展环境和条件。

在全球化背景下，产学研合作模式不仅有助于推动国内的创新发展，还能促进国际科技交流与合作。通过加强与国际先进企业和研究机构的合作，我们可以引进更多的先进技术和管理经验，提升我国在全球科技竞争中的地位和影响力。

此外，随着新一代信息技术的快速发展和应用，产学研合作模式也将迎来新的发展机遇和挑战。我们需要充分利用大数据、云计算、人工智能等先进技术，推动产学研合作的数字化、智能化和网络化，提高合作效率和质量。

总之，产学研合作模式是推动科技创新和经济社会发展的重要手段。通过深入分析和总结其成效与经验，我们可以更好地发挥产学研合作的优势，克服挑战和问题，推动科技创新和经济社会的持续健康发展。

第二节　产学研合作模式下的旅游文创产品设计流程

一、设计前期的研究与策划

设计前期的研究与策划是设计过程中至关重要的环节，它涉及到对设计项目背景、目标、受众、市场等多方面的深入探究与分析。这一阶段的工作不仅有助于明确设计方向，还能为后续的设计实施提供有力的支撑。

（一）项目背景与目标分析

在设计前期，对项目的背景和目标进行深入分析是必不可少的。首先，要了解项目的起源、历史和发展脉络，明确项目所处的行业地位和市场环境。其次，要分析项目的目标和愿景，包括项目的核心功能、用户需求以及预期的市场效果等。通过对项目背景和目标的分析，可以为后续的设计工作提供明确的指导方向。

（二）受众分析与定位

受众是设计工作的核心关注点，因此，在设计前期进行受众分析至关重要。通过调研和分析，了解受众的年龄、性别、职业、兴趣等基本信息，以及他们的需求、行为和期望。在此基础上，对受众进行精准定位，明确设计所面向的目标用户群体。这有助于设计师在后续的设计过程中更好地把握受众心理，满足他们的需求。

（三）市场调研与竞品分析

市场调研是设计前期的重要工作之一，它可以帮助设计师了解市场的现状和发展趋势，为设计决策提供有力支持。通过收集和分析相关数据，了解市场的规模、结构、竞争态势、潜在的市场机会。同时，竞品分析也是不可忽视的一环。通过对竞争对手的产品或服务进行深入分析，了解他们的优缺点，找出自己的差异化优势，为设计创新提供思路。

（四）设计概念与方向探索

在设计前期，对设计概念和方向进行探索是非常重要的。通过对项目背景、目标、受众和市场等方面的综合分析，形成初步的设计概念和方向。这些概念和方向应体现出项目的核心价值和特点，同时符合受众的需求和市场的发展趋势。在探索过程中，可以运用头脑风暴、草图绘制等方法，激发创意灵感，形成多样化的设计思路。

（五）制订详细的设计计划

在完成了上述研究工作后，需要制定详细的设计计划。设计计划应包括设计的时间安排、人员分工、预算分配等各个方面。首先，根据项目的整体进度要求，合理安排设计工作的各个阶段，确保设计工作的有序进行。其次，根据团队成员的专业能力和特长，进行合理的人员分工，充分发挥每个人的优势。最后，根据项目的预算限制，合理分配设计资源，确保设计工作的顺利进行。

（六）风险评估与应对策略

设计前期的研究与策划还应包括对潜在风险的评估和应对策略的制定。通过对项目背景、目标、受众和市场等方面的深入分析，识别出可能存在的风险点，如技术难度、市场需求变化、竞争压力等。针对这些风险点，制定相应的应对策略，如加强技术研发、调整市场定位、优化产品设计等，以降低风险对项目的影响。

设计前期的研究与策划是设计过程中至关重要的环节，它为后续的设计实施提供了有力的支撑。通过对项目背景、目标、受众、市场等多方面的深入探究与分析，形成了初步的设计概念和方向，并制定了详细的设计计划。同时，对潜在风险进行了评估，并制定了相应的应对策略。这些工作为设计的顺利进行奠定了坚实的基础。

展望未来，随着科技的不断进步和市场的不断变化，设计前期的研究与策划工作将面临更多的挑战和机遇。需要不断学习和探索新的研究方法和技术手段，以适应不断变化的市场需求和技术环境。同时，还应注重跨领域的合作与交流，汲取不同领域的智慧和经验，为设计创新提供更多的思路和灵感。

总之，设计前期的研究与策划是设计过程中不可或缺的一环。通过深入研究和策划，可以为设计的顺利进行奠定坚实的基础，为设计的成功提供有力的保障。在未来的设计工作中，应继续加强这一环节的工作，不断提升设计的质量和水平。

二、设计方案的制定与评估

设计方案的制定与评估是设计过程中至关重要的环节，它直接决定了设计成果的质量和可行性。

（一）设计方案的制定

1. 明确设计目标与需求

设计方案的制定首先要明确设计的目标和需求。包括了解项目的背景、目标用户、市场定位以及功能需求等。通过对这些信息的收集和整理，设计师能够明确设计的方向和重点，为后续的设计工作提供指导。

2. 进行创意构思与草图绘制

在明确了设计目标和需求后，设计师需要进行创意构思和草图绘制。这一阶段主要是通过头脑风暴、草图绘制等方式，产生多个初步的设计方案。这些方案可以是抽象的、概念性的，也可以是具体的、详细的。

3. 细化设计方案

经过创意构思和草图绘制后，设计师需要选择最具潜力的方案进行细化。细化设计方案包括确定设计的具体细节、色彩搭配、排版布局等。这一阶段需要设计师具备扎实的专业知识和丰富的实践经验，以确保设计方案的可行性和美观性。

4. 制订实施计划

设计方案细化完成后，需要制订详细的实施计划。包括确定设计的时间表、人员分工、资源需求等。实施计划的制定有助于确保设计工作的顺利进行，提高设计效率。

（二）设计方案的评估

1. 评估标准与方法

设计方案的评估需要依据一定的标准和方法进行。评估标准通常包括设计的创新性、实用性、美观性、可行性等方面。评估方法则可以采用专家评审、用户测试、市场调研等多种方式。

专家评审主要是邀请相关领域的专家对设计方案进行评价和建议。他们可以从专业角度对设计的创新性、实用性等方面进行评估，并提供宝贵的意见和建议。

用户测试是通过邀请目标用户对设计方案进行实际操作和体验，以收集他们对设计的反馈和评价。这种评估方式可以直观地了解用户对设计的满意度和易用性等方面的感受。

市场调研则是通过收集和分析市场数据来了解设计方案的市场接受度和竞争力。这有助于设计师了解市场需求和趋势，从而调整和优化设计方案。

2. 方案优化与改进

通过评估，设计师可以了解设计方案的优点和不足，进而进行优化和改进。优化和改进的方向包括调整设计细节、改进用户体验、提高设计创新性等。设计师需要根据评估结果和市场需求，对设计方案进行有针对性的改进，以提高设计的整体质量和竞争力。

（三）设计方案制定与评估的意义

设计方案的制定与评估在设计过程中具有重要意义。首先，它有助于确保设计成果的质量和可行性。通过制定详细的设计方案并进行评估，可以及时发现和纠正设计中存在的问题和不足，从而提高设计的成功率和满意度。

其次，设计方案的制定与评估有助于促进团队合作和沟通。在制定方案的过程中，团队成员可以共同讨论和确定设计的方向和重点；在评估过程中，团队成员可以相互学习和借鉴彼此的优点，共同提高设计水平。

此外，设计方案的制定与评估还有助于提升设计师的专业素养和能力。通过不断制定和优化设计方案，设计师可以积累更多的实践经验，提高自己的设计能力和创新思维；通过参与评估过程，设计师可以了解市场需求和趋势，拓宽自己的设计视野和思路。

设计方案的制定与评估是设计过程中不可或缺的一环。通过明确设计目标与需求、进行创意构思与草图绘制、细化设计方案以及制定实施计划等步骤，可以制定出具有针对性和可行性的设计方案。而通过专家评审、用户测试、市场调研等方式对设计方案进行评估，可以了解设计的优点和不足，进而进行优化和改进。

展望未来，随着科技的不断进步和市场的不断变化，设计方案的制定与评估将面临更多的挑战和机遇。设计师需要不断学习和掌握新的设计理念和技能，以适应不断变化的市场需求和技术环境。同时，还需要注重跨领域的合作与交流，汲取不同领域的智慧和经验，为设计出更具创新性和实用性的方案提供有力支持。

总之，设计方案的制定与评估是确保设计成果质量和可行性的关键环节。通过科学的方法和严谨的态度进行制定和评估，可以推动设计工作的顺利开展，提高设计的整体水平和竞争力。

三、设计实施与产学研合作

设计实施是将设计方案转化为实际产品或服务的关键环节，而产学研合作则是推动设计实施顺利进行的重要动力。下面将从设计实施的过程管理、技术实现，以及产学研合作的意义、模式与案例分析等方面展开探讨，旨在阐述设计实施与产学研合作之间的紧密联系及其对于提升设计价值的重要性。

（一）设计实施的过程管理

设计实施的过程管理涉及多个方面，包括项目计划制定、团队协作、进度控制等。首先，项目计划的制定是确保设计实施顺利进行的基础。在制定计划时，需要充分考虑项目的规模、复杂度以及资源限制等因素，确保计划的合理性和可行性。其次，团队协作是设计实施过程中的重要环节。团队成员之间需要保持良好的沟通与协作，确保设计方案的准确实施。此外，进度控制也是设计实施过程中的关键任务。通过定期的项目进度检查与调整，可以及时发现和解决实施过程中出现的问题，确保项目按时完成。

在技术实现方面，设计实施需要借助各种技术手段和方法，将设计方案转化为实际的产品或服务。包括原型制作、测试验证、生产制造等多个环节。在原型制作阶段，设计师需要根据设计方案制作出符合要求的原型，以便进行后续的测试验证。在测试验证阶段，需要对原型进行全面的测试，确保其性能和质量达到设计要求。最后，在生产制造阶段，需要采用合适的生产工艺和设备，确保产品的高效生产和质量控制。

（二）产学研合作的意义

产学研合作是指企业、高校和研究机构之间的深度合作，旨在推动技术创新和成果转化。在设计实施阶段，产学研合作具有重要意义。首先，产学研合作可以为企业提供技术支持和人才保障。高校和研究机构拥有丰富的科研资源和人才优势，可以为企业提供专业的技术支持和人才培养服务，帮助企业解决设计实施过程中的技术难题。其次，产学研合作可以促进技术成果的转化和应用。通过合作，企业可以及时了解最新的技术动态和市场需求，将高校的科研成果转化为具有市场竞争力的产品或服务。此外，产学研合作还可以加强企业之间的合作与交流，推动产业链的协同发展。

（三）产学研合作的模式

产学研合作有多种模式，包括项目合作、共建实验室、人才培养等。在项目合作方面，企业可以与高校和研究机构共同承担科研项目，共同研发新产品或新技术。通过项目合作，可以充分发挥各方的优势资源，实现技术创新的共赢。共建实验室是产学研合作的另一种重要形式。通过共建实验室，企业可以获得更为稳定的技术支持和人才保障，同时也可以参与实验室的科研活动，了解最新的技术动态和发展趋势。在人才培养方面，企业可以与高校合作开展实习实训、联合培养等活动，为企业培养具有实践经验和创新能力的人才。

（四）案例分析

以某智能家居企业的设计实施与产学研合作为例，该企业通过与高校和研究机构的深度合作，成功推动了智能家居产品的设计与开发工作。在项目合作方面，企业与高校共同承担了智能家居产品的研发项目，共同解决了产品设计中的技术难题。通过共建实验室，企业获得了稳定的技术支持和人才保障，同时参与了实验室的科研活动，了解了最新的智能家居技术动态和发展趋势。此外，企业还与高校合作开展了实习实训和联合培养等活动，为企业培养了具有实践经验和创新能力的人才。这些产学研合作活动不仅提升了企业的技术水平和创新能力，也推动了智能家居行业的快速发展。

设计实施与产学研合作是推动设计创新和技术转化的重要手段。通过加强设计实施的过程管理和技术实现，可以确保设计方案的准确实施和高效转化。同时，通过产学研合作，可以充分发挥企业、高校和研究机构的优势资源，实现技术创新的共赢。未来，随着科技的不断进步和市场的不断变化，设计实施与产学研合作将面临更多的机遇和挑战。我们需要不断探索新的合作模式和方法，加强产学研之间的沟通与协作，推动设计创新和技术转化的深入发展。

第三节　产学研合作模式下的人才培养与团队建设

一、人才培养目标与路径规划

人才培养是国家和社会发展的重要基石，对于提升国家竞争力、推动社会进步具有重要意义。

（一）人才培养目标的设定

人才培养目标的设定是人才培养工作的首要任务。目标应该具有明确性、可操作性和前瞻性，能够指导人才培养工作的方向和内容。

首先，人才培养目标应与国家发展战略相契合。国家的发展需要各类人才的支撑，因此人才培养目标应紧密围绕国家的发展战略，培养具有创新精神和实践能力的高素质人才，为国家的发展提供有力的人才保障。

其次，人才培养目标应关注市场需求和产业发展趋势。随着经济的不断发展和产业的转型升级，市场对人才的需求也在不断变化。因此，人才培养目标应关注市场需求和产业发展趋势，培养适应市场需求、具备专业技能和创新能力的人才，为产业的发展提供有力的人才支撑。

最后，人才培养目标还应注重人的全面发展。人才培养不仅要关注知识和技能的培养，还要注重人的全面发展，包括思想道德、人文素养、身心健康等方面的培养。只有全面发展的人才才能更好地适应社会的变化和发展。

（二）人才培养路径的规划

人才培养路径的规划是实现人才培养目标的关键。路径规划应该根据人才培养目标，结合实际情况，制定科学合理的培养计划和措施。

首先，要明确人才培养的层次和类型。不同层次和类型的人才需要不同的培养路径。例如，高等教育机构应注重培养高层次的研究型人才和创新型人才，而职业教育机构则应注重培养具备专业技能和实践能力的人才。因此，在路径规划中，要明确人才培养的层次和类型，制定相应的培养计划和措施。

其次，要注重理论与实践相结合。人才培养不仅要注重理论知识的传授，还要注重实践能力的培养。因此，在路径规划中，应加大实践教学的比重，为学生提供更多的实践机会和平台，让学生在实践中学习和成长。

再次，还应加强产学研合作。产学研合作是人才培养的重要途径之一。通过产学研合作，可以将企业的实际需求和技术优势与高校的教学和科研资源相结合，共同推动人才培养工作的发展。因此，在路径规划中，应积极加强产学研合作，建立紧密的合作关系，共同制定人才培养计划和措施。

最后，要注重国际化视野的培养。随着全球化的深入发展，国际化视野已成为人才培养的重要方向之一。因此，在路径规划中，应注重培养学生的国际化视野和跨文化交流能力，加强与国际先进教育机构的合作与交流，为学生提供更多的国际化学习机会和平台。

（三）人才培养的实施策略

人才培养的实施策略是实现人才培养目标和路径规划的重要保障。在实施策略上，应注重以下几个方面。

首先，要加强师资队伍建设。优秀的师资队伍是人才培养的关键。因此，应加大对师资队伍的培养和引进力度，提高教师的教学水平和科研能力，为学生提供优质的教育资源和教学服务。

其次，要完善课程设置和教学方法。课程设置和教学方法直接关系到人才培养的质量和效果。因此，应根据人才培养目标和市场需求，完善课程设置和教学方法，注重课程的系统性和实用性，采用灵活多样的教学方式和手段，激发学生的学习兴趣和积极性。

再次，还应加强实践教学和实习实训。实践教学和实习实训是人才培养的重要环节。通过实践教学和实习实训，可以让学生更好地了解行业和市场，提高实践能力和职业素养。因此，应加大对实践教学和实习实训的投入力度，完善实践教学和实习实训体系，为学生提供更多的实践机会和平台。

最后，要注重评价和反馈机制的建立。评价和反馈机制是人才培养工作的重要保障。通过评价和反馈机制，可以及时了解人才培养的效果和问题，为人才培养工作的改进和优化提供依据。因此，应建立完善的评价和反馈机制，定期对人才培养工作进行评估和反馈，及时发现问题并采取有效措施加以解决。

人才培养是一项长期而复杂的工作，需要不断地探索和实践。通过设定明确的人才培养目标、制定合理的路径规划以及实施有效的策略措施，我们可以为国家和社会的发展培养出更多优秀的人才。

未来，随着科技的进步和社会的变革，人才培养工作将面临新的挑战和机遇。我们需要紧跟时代步伐，不断创新人才培养理念和方法，加强与国际先进教育机构的交流与合作，推动人才培养工作向更高水平发展。同时，我们还应注重人才培养的公平性和普及性，让更多的人能够享受到优质的教育资源和发展机会，共同推动社会的进步和发展。

二、产学研联合培养模式的构建

随着科技的不断进步和社会经济的快速发展，产学研联合培养模式已成为高等教育领域的重要趋势。这种模式旨在通过高校、科研机构与企业的深度合作，实现资源共享、优势互补，从而培养出具有创新精神和实践能力的高素质人才。

（一）产学研联合培养模式的内涵

产学研联合培养模式是指高校、科研机构与企业之间建立紧密的合作关系，共同参与人才培养的全过程。这种模式强调理论与实践相结合，注重培养学生的创新精神和实践能力。通过产学研联合培养，学生可以在在校期间接触到实际的工作环境，了解企业的需求和技术发展趋势，从而更好地适应市场需求和职业发展。

（二）产学研联合培养模式的构建原则

需求导向原则：产学研联合培养应以市场需求为导向，紧密结合产业发展趋势，培养符合市场需求的高素质人才。

合作共赢原则：高校、科研机构与企业之间应建立平等的合作关系，实现资源共享、优势互补，共同推动人才培养和技术创新。

实践导向原则：产学研联合培养应注重实践教学环节，让学生在实践中学习、成长，提高实践能力和创新精神。

持续发展原则：产学研联合培养应关注人才培养的长远发展，建立健全的评估机制和反馈机制，不断优化培养方案，提高人才培养质量。

（三）产学研联合培养模式的实施策略

建立产学研合作平台：高校、科研机构与企业应共同建立产学研合作平台，为双方提供合作交流的渠道和平台。通过定期举办产学研交流活动、建立联合实验室等方式，加强双方的合作与沟通。

制订联合培养计划：高校应根据市场需求和产业发展趋势，与企业共同制定联合培养计划。培养计划应明确培养目标、课程设置、实践教学环节等内容，确保人才培养的针对性和实效性。

加强师资队伍建设：高校应积极引进具有实践经验和创新能力的教师，同时鼓励教师参与企业的研发项目和技术服务活动，提高教师的实践能力和专业素养。此外，还可以邀请企业专家和科研人员担任客座教授或开设讲座，为学生提供更多的实践经验和行业知识。

完善实践教学体系：高校应与企业合作建立实践教学基地，为学生提供实习实训的机会。同时，还应加强对实践教学环节的设计和管理，确保实践教学的质量和效果。通过实践教学，学生可以深入了解企业的运营模式和市场需求，提高解决实际问题的能力。

建立评价与反馈机制：产学研联合培养应建立科学的评价与反馈机制，对人才培养质量进行定期评估和反馈。通过收集企业、学生和教师的意见和建议，不断优化培养方案和教学内容，提高人才培养的针对性和实效性。

（四）产学研联合培养模式的未来展望

随着科技的不断进步和产业的转型升级，产学研联合培养模式将面临更多的机遇和挑战。未来，这种模式将更加注重创新能力和实践能力的培养，推动人才培养与技术创新的深度融合。同时，随着信息技术的发展，产学研联合培养将更加注重线上线下的结合，利用互联网、大数据等技术手段提高人才培养的效率和质量。

此外，随着全球化的深入发展，产学研联合培养也将更加注重国际交流与合作。高校应积极参与国际产学研合作项目，引进国际先进的教育理念和技术资源，提高人才培养的国际化水平。

产学研联合培养模式是高等教育发展的重要趋势，对于提升人才培养质量、推动科技创新和促进产业发展具有重要意义。通过构建产学研联合培养模式，可以实现高校、科研机构与企业之间的资源共享和优势互补，培养出更多具有创新精神和实践能力的高素质人才。未来，随着科技和社会的不断发展，产学研联合培养模式将继续发挥重要作用，为人才培养和社会进步作出更大的贡献。

三、团队组建与人员配置

团队组建与人员配置是组织发展中不可或缺的重要环节。一个优秀的团队不仅能够提高工作效率，还能够推动组织创新和发展。

（一）团队组建的原则

目标导向原则：团队组建的首要原则是目标导向。团队应该围绕明确的组织目标来组建，确保每个成员都了解并认同团队的目标，以便更好地协作完成任务。

能力互补原则：团队成员之间应该具备不同的专业技能和经验，以实现能力互补。这样的配置有助于团队成员在合作中相互学习、共同进步，提高团队的整体实力。

沟通协作原则：良好的沟通和协作是团队成功的关键。因此，在团队组建过程中，应重视团队成员的沟通能力和团队协作精神，确保团队能够高效运作。

稳定性与灵活性相结合原则：团队组建既要考虑稳定性，确保团队成员能够长期合作，又要具备灵活性，以便在需要时能够迅速调整团队成员和角色。

（二）人员配置的策略

明确岗位职责：在人员配置过程中，首先要明确每个岗位的职责和要求，以便根据岗位需求来选拔合适的团队成员。这有助于确保团队成员能够充分发挥自己的优势，为团队目标的实现作出贡献。

选拔优秀人才：选拔优秀人才是人员配置的核心。在选拔过程中，应注重候选人的专业技能、工作经验、沟通能力以及团队协作精神等方面。同时，还要关注候选人的潜力和发展空间，以便为团队的长远发展储备人才。

平衡团队结构：在配置团队成员时，要注意平衡团队结构，包括性别、年龄、专业背景等方面的平衡。这样的配置有助于减少团队内部的冲突和摩擦，提高团队的凝聚力和向心力。

建立激励机制：为了激发团队成员的积极性和创造力，需要建立有效的激励机制。这包括物质激励和精神激励两个方面。物质激励可以通过提供具有竞争力的薪酬和福利待遇来实现；精神激励则可以通过表彰优秀团队成员、提供晋升机会等方式来实现。

（三）实施过程中的注意事项

加强沟通与培训：在团队组建与人员配置过程中，要加强与团队成员的沟通，确保他们了解并认同团队的目标和愿景。同时，还要为团队成员提供必要的培训和支持，帮助他们提升专业技能和团队协作能力。

建立良好的团队文化：团队文化是影响团队成员行为和团队发展的重要因素。因此，在团队组建过程中，要注重建立良好的团队文化，包括积极向上的价值观、开放包容的氛围以及追求卓越的精神等。

持续优化调整：团队组建与人员配置并非一蹴而就的过程，需要随着组织发展和市场需求的变化进行持续优化调整。在实践中，要关注团队成员的绩效表现和反馈意见，及时调整团队结构和人员配置，以适应不断变化的市场环境。

团队组建与人员配置是组织发展的关键环节，对于提高组织绩效和推动创新发展具有重要意义。通过遵循目标导向、能力互补、沟通协作、稳定性与灵活性相结合等原则，结合明确的岗位职责、优秀人才选拔、平衡团队结构和建立激励机制等策略，可以组建出高效、协作、创新的团队。同时，在实施过程中要注重沟通与培训、建立良好的团队文化、持续优化调整等方面的工作，以确保团队能够持续发挥最大效能。

展望未来，随着科技的进步和市场竞争的加剧，团队组建与人员配置将面临更多挑战和机遇。因此，组织需要不断探索和实践新的团队建设模式和方法，以适应不断变化的市场环境和发展需求。同时，还要关注团队成员的成长和发展，为他们提供广阔的发展空间和良好的职业发展平台，以实现组织与个人的共同发展。

四、团队协作与沟通机制

在现代企业中，团队协作与沟通机制的重要性不言而喻。一个高效、协同的团队可以极大地提升工作效率，增强创新能力，从而为企业带来更大的竞争优势。

（一）团队协作与沟通机制的重要性

团队协作是指团队成员为了实现共同目标而相互协作、共同努力的过程。沟通则是团队协作的基础，通过有效的沟通，团队成员可以明确任务目标、分配工作职责、解决遇到的问题，从而确保项目的顺利进行。

团队协作与沟通机制的重要性主要体现在以下几个方面。

提升工作效率：通过团队协作，可以充分发挥每个成员的专业技能和优势，实现资源的优化配置。同时，有效的沟通可以减少信息传递的误差和延误，提高工作效率。

增强创新能力：团队成员之间的交流和碰撞可以激发新的思维火花，从而产生更多的创新点子。这种创新能力对于企业在激烈的市场竞争中保持领先地位至关重要。

促进团队凝聚力：通过团队协作和沟通，可以增强团队成员之间的信任感和归属感，形成共同的价值观和团队精神。这种凝聚力有助于团队成员在面对困难和挑战时保持团结和协作。

（二）团队协作与沟通机制的构建策略

明确团队目标和角色分工：在组建团队时，应明确团队的目标和使命，并根据每个成员的专业技能和特长进行角色分工。这有助于确保团队成员能够清楚地了解自己的职责和任务，从而更好地协作完成工作。

建立有效的沟通渠道：为了确保团队成员之间的顺畅沟通，应建立多种沟通渠道，如定期会议、邮件、在线协作工具等。同时，还应鼓励团队成员之间保持开放、诚实的沟通氛围，及时分享信息、反馈问题和提出建议。

培养团队协作精神和沟通技巧：企业和团队管理者应重视团队协作精神和沟通技巧的培养。通过组织团队建设活动、提供沟通技巧培训等方式，帮助团队成员提高团队协作能力和沟通水平。

建立激励机制和奖惩制度：为了激发团队成员的积极性和创造力，应建立有效的激励机制和奖惩制度。通过表彰优秀团队成员、提供晋升机会等方式，激发团队成员的工作热情和归属感。同时，对于工作不力或违反团队规定的成员，也应采取相应的惩罚措施以维护团队的稳定和秩序。

（三）团队协作与沟通机制的优化建议

定期评估团队协作与沟通效果：企业和团队管理者应定期对团队协作与沟通效果进行评估，以便及时发现问题并进行改进。可以通过问卷调查、访谈等方式收集团队成员的意见和建议，从而不断优化团队协作与沟通机制。

加强跨部门协作与沟通：在大型企业中，不同部门之间的协作与沟通往往成为制约工作效率的瓶颈。因此，应加强跨部门协作与沟通，打破部门壁垒，促进信息共享和资源整合。可以通过建立跨部门协作团队、定期召开跨部门会议等方式加强部门之间的沟通与协作。

利用现代科技手段提升沟通效率：随着科技的不断发展，现代科技手段为团队协作与沟通提供了更多的可能性。可以利用在线协作工具、视频会议系统等现代科技手段，实现远程协作和实时沟通，提高沟通效率和工作效率。

团队协作与沟通机制是企业发展的重要支撑，对于提升工作效率、增强创新能力以及促进团队凝聚力具有重要意义。企业和团队管理者应重视团队协作与沟通机制的构建和优化，通过明确团队目标和角色分工、建立有效的沟通渠道、培养团队协作精神和沟通技巧、建立激励机制和奖惩制度等方式，不断提升团队协作与沟通水平。同时，还应根据实际情况不断优化团队协作与沟通机制，以适应不断变化的市场环境和业务需求。

第四节　产学研合作模式下的资源共享与平台搭建

一、资源整合与优化

随着市场竞争的日益激烈，企业如何有效地整合资源并进行优化，成为提升自身竞争力的关键所在。资源整合与优化不仅涉及企业内部资源的合理配置，还包括外部资源的有效利用和协同。

（一）资源整合与优化的概念

资源整合是指企业将内部和外部的各种资源进行有机组合，形成有效的资源体系，以支持企业的战略发展和业务运营。这些资源包括人力、物力、财力、技术、信息等各个方面。而资源优化则是在资源整合的基础上，通过科学的方法和手段，使资源得到最大程度的利用和发挥，以提高企业的整体效率和竞争力。

（二）资源整合与优化的重要性

提升企业竞争力：通过资源整合与优化，企业可以更加高效地利用资源，降低成本，提高产品和服务的质量，从而在市场上获得更大的竞争优势。

促进企业发展：资源整合与优化有助于企业打破资源瓶颈，实现资源的优化配置，为企业的发展提供有力的支撑。

增强企业抗风险能力：在面临市场变化、技术更新等风险时，通过资源整合与优化，企业可以更加灵活地应对挑战，降低风险。

（三）资源整合与优化的实施策略

明确战略定位：企业应首先明确自身的战略定位和发展方向，以确定所需资源的类型和数量，为资源整合与优化提供指导。

建立资源评估体系：通过对企业内部和外部资源的全面评估，确定资源的价值、潜力和风险，为资源整合与优化提供依据。

加强内外部合作：企业应积极寻求与供应商、客户、合作伙伴等外部资源的合作，实现资源的共享和互补，提高资源利用效率。

推进信息化建设：利用信息技术手段，实现资源的数字化、网络化和智能化管理，提高资源整合与优化的效率和精度。

培养人才队伍：企业应重视人才培养和引进，建立一支具备资源整合与优化能力的专业团队，为企业的持续发展提供人才保障。

（四）资源整合与优化面临的挑战与建议

挑战：在资源整合与优化过程中，企业可能面临信息不对称、资源质量参差不齐、合作伙伴不稳定等问题。这些问题可能导致资源整合的成本上升，优化效果不尽如人意。

建议：企业应建立完善的信息收集和筛选机制，确保所整合资源的真实性和有效性。同时，加强与合作伙伴的沟通与协调，建立长期稳定的合作关系，降低资源整合的风险和成本。

挑战：随着市场环境和技术的不断变化，企业可能面临资源过时、技术落后等问题。这些问题可能影响企业的竞争力和发展潜力。

建议：企业应密切关注市场动态和技术发展趋势，及时调整和优化资源结构。同时，加大研发投入，推动技术创新和升级，确保企业始终保持行业领先地位。

挑战：在资源整合与优化过程中，企业可能面临文化差异、管理冲突等问题。这些问题可能影响团队的凝聚力和执行力，制约资源整合与优化的效果。

建议：企业应建立包容性的企业文化，尊重并融合不同文化背景和管理理念。同时，加强团队建设和培训，提高员工的综合素质和团队协作能力，确保资源整合与优化的顺利实施。

资源整合与优化是企业提升竞争力、实现持续发展的关键所在。企业应明确战略定位，建立资源评估体系，加强内外部合作，推进信息化建设，培养人才队伍，以实施资源整合与优化策略。同时，面对挑战时，企业应积极应对，采取有效措施降低风险和成本，确保资源整合与优化的顺利进行。通过不断地实践和探索，企业可以逐步形成具有自身特色的资源整合与优化体系，为企业的长远发展奠定坚实基础。

二、资源共享的途径与方式

资源共享，作为一种高效的资源利用方式，已经成为现代社会发展的重要推动力。通过共享，我们不仅可以减少资源浪费，提高资源利用效率，还能促进不同主体之间的合作与交流，推动社会进步。

（一）资源共享的重要性

资源共享在现代社会中扮演着至关重要的角色。首先，资源共享有助于解决资源短缺问题。随着人口增长和经济发展，资源需求不断增加，而许多资源又是有限的。通过共享，我们可以更有效地利用这些有限资源，满足更多人的需求。

其次，资源共享能够促进不同主体之间的合作与交流。在共享过程中，不同组织和个人需要相互协作，共同管理和使用资源。这种合作与交流有助于增进彼此的了解和信任，推动形成更加紧密的社会关系。

最后，资源共享还有助于推动创新和技术进步。通过共享资源，我们可以汇聚更多的智慧和力量，共同解决面临的问题和挑战。这种集思广益的方式有助于激发创新思维，推动技术进步和产业升级。

（二）资源共享的途径

资源共享的途径多种多样，以下是一些主要的途径。

政府主导的资源共享平台：政府可以搭建资源共享平台，整合各类资源，为不同主体提供便捷的共享服务。这些平台可以包括公共设施、公共服务、科技资源等，以满足社会各方面的需求。

企业间的资源共享：企业之间可以通过合作实现资源共享，降低运营成本，提高竞争力。例如，共享生产设备、销售渠道、人力资源等，可以实现资源的优化配置和高效利用。

社区资源共享：社区是居民生活的重要场所，也是资源共享的重要领域。社区可以组织居民共享闲置物品、公共空间、技能等，促进邻里之间的交流和互动，增强社区凝聚力。

个人之间的资源共享：个人之间也可以通过各种方式进行资源共享，如共享住房、汽车、旅行经验等。这种方式有助于减轻个人负担，提高生活质量，同时也有助于增进人与人之间的友谊和信任。

（三）资源共享的方式

资源共享的方式灵活多样，可以根据实际情况进行选择和创新。以下是一些常见的资源共享方式。

开放式共享：在这种方式下，资源对所有使用者开放，无需特定的许可或授权。例如，公共图书馆、公园等公共设施就属于开放式共享。这种方式有利于资源的广泛利用和普及。

合作式共享：这种方式需要资源提供者和使用者之间进行合作和协商。例如，企业之间的合作研发、共同采购等就属于合作式共享。这种方式有助于实现资源的互补和协同，提高资源利用效率。

租赁式共享：在这种方式下，资源提供者将资源出租给使用者使用，收取一定的租金。例如，共享单车、共享汽车等就属于租赁式共享。这种方式可以满足使用者的临时需求，同时也有助于资源提供者回收成本并获得收益。

交换式共享：在这种方式下，资源提供者和使用者通过交换资源来实现共享。例如，二手物品交换、技能交换等就属于交换式共享。这种方式有助于实现资源的循环利用和价值最大化。

（四）资源共享的挑战与对策

虽然资源共享具有诸多优势，但在实践过程中也面临着一些挑战。例如，如何保障资源的质量和安全、如何建立有效的管理和监督机制、如何平衡不同主体的利益等。针对这些挑战，我们可以采取以下对策。

加强法规建设：制定和完善相关的法律法规，明确资源共享的权利和义务，规范共享行为，保障各方的合法权益。

建立信用体系：通过建立信用评价体系和奖惩机制，提高参与者的信用意识和自律能力，降低共享风险。

强化技术支持：利用现代科技手段，如物联网、大数据、人工智能等，提高资源共享的智能化和便捷化水平，提升用户体验。

加强宣传教育：通过各种渠道和形式，普及资源共享的理念和方式，提高公众对资源共享的认知度和参与度。

资源共享作为一种高效的资源利用方式，对于推动社会进步和可持续发展具有重要意义。通过政府、企业、社区和个人等多方面的共同努力，我们可以探索出更多有效的资源共享途径和方式，实现资源的优化配置和高效利用。同时，我们也需要关注资源共享过程中可能出现的挑战和问题，积极寻求对策和解决方案，确保资源共享的健康发展。

三、平台建设规划与功能定位

随着信息技术的飞速发展和全球化的深入推进，各类平台作为连接各方资源、促进信息交流与共享的重要载体，正日益成为推动社会进步和经济发展的关键力量。因此，科学合理地进行平台建设规划与功能定位，对于提升平台运营效率、实现可持续发展具有重要意义。

（一）平台建设规划的重要性

平台建设规划是指对平台的建设目标、内容、步骤、资源保障等进行全面、系统的规划和设计。其重要性主要体现在以下几个方面。

首先，平台建设规划有助于明确平台的发展方向和目标。通过规划，我们可以清晰地了解平台的需求、优势和潜力，从而确定平台的发展定位和战略目标，为平台的长期发展奠定坚实基础。

其次，平台建设规划有助于优化资源配置，提高运营效率。在规划过程中，我们需要对平台的资源进行全面梳理和评估，合理配置人力、物力、财力等资源，确保平台的高效运转。

最后，平台建设规划有助于降低风险，增强平台的稳定性和可持续性。通过科学的规划，我们可以预见并应对可能出现的风险和挑战，确保平台的平稳运行和持续发展。

（二）功能定位分析

功能定位是平台建设规划的核心内容之一，它决定了平台的核心价值和市场竞争力。在功能定位过程中，我们需要充分考虑平台的特点、市场需求和竞争态势，确定平台的核心功能和特色服务。

首先，平台应具备信息汇聚与共享功能。通过整合各类信息资源，为用户提供便捷的信息获取和共享渠道，促进信息的流通和价值的发挥。

其次，平台应具备交易撮合与对接功能。通过搭建高效的交易撮合系统，帮助用户实现供需匹配和交易对接，降低交易成本，提高市场效率。

再次，平台还应具备技术创新与研发功能。通过引入先进的技术和创新理念，推动平台的技术创新和产业升级，提升平台的核心竞争力。

最后，平台还应注重用户体验和服务质量。通过优化界面设计、提升服务质量等方式，提高用户的满意度和忠诚度，增强平台的品牌影响力和市场竞争力。

（三）实施策略与建议

在实施平台建设规划与功能定位的过程中，我们需要采取一系列有效的策略和建议，以确保规划的顺利实施和目标的顺利实现。

第一，加强组织领导，明确责任分工。成立专门的规划实施小组，明确各成员的责任和任务，确保规划工作的有序开展。

第二，注重市场调研，把握用户需求。通过深入的市场调研和用户需求分析，了解市场的变化趋势和用户的真实需求，为平台的功能定位和发展方向提供有力支撑。

第三，加强资源整合，优化资源配置。积极寻求外部资源的支持和合作，整合各类资源，为平台的建设和发展提供有力保障。

第四，还应注重技术创新和人才培养。加大技术研发投入，引入先进的技术和人才，推动平台的技术创新和产业升级。

第五，加强宣传推广，提升品牌影响力。通过有效的宣传推广手段，提高平台的知名度和影响力，吸引更多的用户和资源加入平台。

（四）未来发展方向展望

未来，随着技术的不断进步和市场的不断变化，平台建设将面临更多的机遇和挑战。因此，我们需要不断调整和完善平台建设规划与功能定位，以适应市场的需求和变化。

一方面，我们可以进一步拓展平台的功能和服务范围，提供更加全面、个性化的服务，满足用户多样化的需求；另一方面，我们可以加强与其他平台的合作与联动，形成更加紧密的产业生态链，共同推动行业的发展和进步。

同时，我们还应关注新兴技术的发展趋势和应用前景，积极探索将新技术应用于平台建设中的可能性和优势，为平台的创新发展提供源源不断的动力。

综上所述，平台建设规划与功能定位是平台建设和发展的关键环节。通过科学合理的规划和定位，我们可以明确平台的发展方向和目标，优化资源配置，提高运营效率，降低风险，增强平台的稳定性和可持续性。在实施过程中，我们需要加强组织领导、注重市场调研、整合资源、推动技术创新和加强宣传推广等措施，以确保规划的顺利实施和目标的顺利实现。展望未来，我们应不断拓展平台的功能和服务范围，加强与其他平台的合作与联动，关注新兴技术的发展趋势和应用前景，为平台的创新发展提供有力支撑。

四、平台运营管理与服务提升

随着信息技术的迅猛发展，各类平台已成为现代社会经济生活中的重要组成部分。平台不仅为用户提供了便捷的信息交流、资源共享和交易撮合等服务，还为企业创造了巨大的商业价值。然而，平台运营管理与服务质量的提升一直是平台发展中的关键问题。

（一）平台运营管理的核心要素

平台运营管理涉及多个方面，其核心要素主要包括以下几个方面。

用户管理：平台应建立完善的用户注册、认证、权限管理等机制，确保用户信息的真实性和安全性。同时，通过用户行为分析，了解用户需求，提供个性化的服务。

内容管理：平台应严格把控内容质量，确保信息的真实性、准确性和合法性。通过优化内容推荐算法，提高信息的匹配度和用户满意度。

交易管理：对于涉及交易的平台，应建立完善的交易规则、风险防控机制和纠纷处理机制，保障交易的公平、安全和高效。

技术支撑：平台应持续投入研发，提升技术创新能力，确保平台的稳定性、可扩展性和安全性。

（二）提升平台服务质量的策略

为了提升平台服务质量，我们可以从以下几个方面入手。

优化用户体验：平台应关注用户在使用过程中的感受和需求，通过优化界面设计、简化操作流程、提高响应速度等方式，提升用户体验。同时，建立用户反馈机制，及时收集和处理用户意见，不断完善平台功能和服务。

强化个性化服务：平台应充分利用大数据、人工智能等技术手段，对用户进行精准画像，提供个性化的推荐和服务。这不仅可以提高用户的满意度和忠诚度，还有助于平台实现精准营销和增值服务。

加强合作伙伴关系：平台应积极寻求与优质合作伙伴的合作，共同拓展市场、提升服务质量。通过资源共享、互利共赢的合作模式，实现平台的快速发展和壮大。

提升品牌形象：平台应注重品牌建设和形象塑造，通过积极参与公益活动、发布行业报告等方式，提升品牌知名度和美誉度。同时，加强品牌宣传和推广，吸引更多潜在用户加入平台。

（三）平台运营管理与服务提升的实践案例

以某知名电商平台为例，其在运营管理与服务提升方面取得了显著成效。该平台通过优化用户体验、提供个性化推荐、加强合作伙伴关系等措施，不断提升服务质量。同时，该平台还注重技术创新和品牌建设，引入先进的技术手段提升平台性能，积极参与行业交流和合作，树立了良好的品牌形象。这些举措使得该平台在激烈的市场竞争中脱颖而出，实现了持续稳健的发展。

（四）面临的挑战与应对措施

在平台运营管理与服务提升的过程中，我们也面临着一些挑战。例如，随着用户规模的扩大和需求的多样化，平台需要不断投入资源进行技术研发和功能升级；同时，市场竞争的加剧也要求平台不断创新和优化服务以吸引和留住用户。为了应对这些挑战，我们可以采取以下措施。

加大研发投入：平台应持续投入研发资金，提升技术创新能力，确保平台在功能、性能和安全等方面保持领先地位。

深化市场洞察：平台应加强对市场趋势和用户需求的研究和分析，及时调整战略和业务模式，以适应市场的变化和用户的需求。

强化团队建设：平台应注重人才培养和团队建设，打造一支高素质、专业化的运营管理团队，为平台的可持续发展提供有力保障。

平台运营管理与服务提升是平台发展的关键环节。通过优化用户体验、提供个性化服务、加强合作伙伴关系、提升品牌形象等措施，我们可以不断提升平台服务质量，增强用户黏性和忠诚度。同时，面对市场竞争和技术挑战，我们应加大研发投入、深化市场洞察、强化团队建设等方面的工作，为平台的可持续发展奠定坚实基础。未来，随着技术的不断进步和市场的不断变化，平台运营管理与服务提升将成为一个持续的过程，需要我们不断探索和创新。

第五节　旅游文创产品设计产学研合作模式的优化与创新

一、合作模式的持续改进与调整

在当今全球经济一体化和信息化的背景下，合作模式作为推动各方资源共享、优势互补、互利共赢的重要手段，正日益受到广泛关注。然而，合作模式并非一成不变，它需要根据市场环境、合作伙伴需求、自身发展情况进行持续改进与调整。

（一）合作模式的重要性

合作模式在促进经济发展、提升竞争力、实现资源共享等方面发挥着重要作用。首先，通过合作，各方可以共享资源、技术和市场，实现优势互补，降低运营成本，提高生产效率。其次，合作有助于推动创新，促进新技术、新产品的研发和推广，提升整体竞争力。最后，合作还能加强企业间的联系和沟通，促进信息交流和知识共享，为企业的长期发展奠定坚实基础。

（二）改进与调整的必要性

随着市场环境的不断变化和合作伙伴需求的日益多样化，合作模式的持续改进与调整变得尤为重要。首先，市场环境的快速变化要求合作模式能够灵活应对各种挑战和机遇。其次，合作伙伴的需求也在不断变化，需要合作模式能够根据需求调整合作策略和内容。最后，企业自身的发展也需要通过改进合作模式来推动创新和升级。

（三）具体的改进措施与调整策略

针对合作模式的改进与调整，可以从以下几个方面入手。

深化合作内容：在原有合作基础上，进一步拓展合作领域和深度，探索更多形式的合作模式。例如，可以通过共同研发、联合营销、共建产业链等方式，实现更深层次的合作。

优化合作机制：完善合作双方的沟通、协调和决策机制，确保合作过程中的顺畅和高效。可以建立定期沟通会议、信息共享平台等机制，加强双方的信息交流和合作协调。

引入新技术和新理念：结合现代信息技术和管理理念，引入大数据、人工智能等先进技术，提升合作模式的智能化和自动化水平。同时，借鉴先进的合作理念和方法，推动合作模式的创新和发展。

灵活调整合作策略：根据市场环境和合作伙伴需求的变化，灵活调整合作策略和内容。例如，可以根据市场趋势调整合作方向，根据合作伙伴的需求调整合作方式和条件。

（四）面临的挑战与应对措施

在合作模式的持续改进与调整过程中，也会面临一些挑战。例如，合作伙伴之间的利益冲突、文化差异、技术壁垒等问题都可能影响合作的顺利进行。为了应对这些挑战，可以采取以下措施。

建立互信机制：加强合作伙伴之间的沟通和理解，建立互信机制，确保合作过程中的诚信和公平。可以通过签订合作协议、建立信用评价体系等方式来加强互信。

尊重文化差异：在合作过程中，尊重并理解合作伙伴的文化背景和价值观，避免因文化差异导致的误解和冲突。可以通过文化交流、培训等方式来增进彼此的了解和认同。

突破技术壁垒：针对技术壁垒问题，可以加强技术研发和创新，提升自身的技术实力和创新能力。同时，积极寻求与拥有先进技术的合作伙伴进行合作，共同突破技术难题。

建立风险防控机制：在合作过程中，建立完善的风险防控机制，对可能出现的风险进行预测和评估，制定相应的应对措施。同时，加强风险管理意识和能力的提升，确保合作项目的顺利进行。

合作模式的持续改进与调整是推动合作双方共同发展的重要途径。通过深化合作内容、优化合作机制、引入新技术和新理念、灵活调整合作策略等措施，可以不断提升合作模式的效率和效果。同时，面对合作过程中可能出现的挑战和问题，需要采取积极有效的应对措施来加以解决。只有不断完善和调整合作模式，才能适应不断变化的市场环境和合作伙伴需求，实现合作双方的共赢发展。

在未来的发展中，随着全球化和信息化的深入推进，合作模式将继续发挥重要作用。因此，我们需要不断探索和创新合作模式，以适应新的市场环境和需求变化。同时，加强合作伙伴之间的沟通和协作，共同推动合作模式的持续改进与调整，为实现共同发展和繁荣作出积极贡献。

二、合作机制的完善与创新

在当今全球化、信息化的时代背景下，合作机制已成为推动各方共同发展、实现资源共享和互利共赢的关键所在。然而，随着市场环境的不断变化和技术的不断进步，传统的合作机制已难以满足现代社会的需求。因此，完善与创新合作机制，以适应新时代的发展要求，成为一项紧迫而重要的任务。

（一）合作机制的重要性

合作机制是各方在合作过程中共同遵守的规则和制度，它对于保障合作的顺利进行、促进合作成果的共享以及推动合作的长期发展具有重要意义。首先，合作机制能够明确各方的权利和义务，规范合作行为，避免产生纠纷和冲突。其次，合作机制能够优化资源配置，提高合作效率，实现互利共赢。最后，合作机制还能够加强各方之间的信任和沟通，促进信息的共享和知识的交流，为合作的深入发展奠定基础。

（二）合作机制的现状与问题

当前，虽然合作机制在各个领域得到了广泛应用，但仍存在一些问题和不足。首先，一些合作机制过于僵化，缺乏灵活性和适应性，难以应对市场的快速变化和技术的不断更新。其次，合作机制在利益分配、风险承担等方面存在不公平、不合理的情况，导致合作难以持续进行。此外，合作机制在信息共享、知识产权保护等方面也存在一定的漏洞和不足，影响了合作的深度和广度。

（三）合作机制的完善与创新策略

针对合作机制存在的问题和不足，我们可以从以下几个方面进行完善与创新。

1. 引入灵活性和适应性机制

为了应对市场的快速变化和技术的不断更新，合作机制需要具备一定的灵活性和适应性。可以通过设立专门的合作协调机构或委员会，负责监测市场环境和技术发展动态，及时调整合作策略和内容。同时，建立合作协议的动态调整机制，允许在特定情况下对合作条款进行修订和补充。

2. 优化利益分配和风险承担机制

公平、合理的利益分配和风险承担是合作机制得以持续运行的关键。因此，需要建立科学的利益分配机制，确保各方在合作中能够获得与其投入和贡献相匹配的回报。同时，建立风险共担机制，明确各方在合作中应承担的风险和责任，降低合作风险。

3. 加强信息共享和知识产权保护

信息共享和知识产权保护是合作机制中的重要环节。可以通过建立信息共享平台或数据库，实现合作各方之间的信息互通和资源共享。同时，加强知识产权保护力度，制定严格的知识产权保护政策，保护合作各方的创新成果和知识产权。

4. 创新合作模式与方式

除了对传统合作机制进行完善外，还可以探索新的合作模式和方式。例如，可以采用产学研用深度融合的合作模式，将产业界、学术界、研究机构等各方紧密联系在一起，共同推动技术创新和产业升级。此外，还可以探索跨国合作、区域合作等多元化合作方式，拓展合作领域和范围。

（四）面临的挑战与应对措施

在完善与创新合作机制的过程中，我们可能会面临一些挑战。首先，不同合作方之间的文化差异可能导致沟通障碍和合作困难。为了应对这一挑战，我们可以加强文化交流与培训，增进彼此之间的了解和信任。其次，技术更新换代的快速性要求合作机制具备高度的前瞻性和预见性。为此，我们可以加强技术研发和创新能力培养，提高合作机制的技术含量和附加值。最后，市场竞争的激烈性可能使得合作机制面临被替代的风险。因此，我们需要保持敏锐的市场洞察力和竞争意识，不断优化和创新合作机制以适应市场变化。

完善与创新合作机制是推动各方共同发展、实现资源共享和互利共赢的重要途径。通过引入灵活性和适应性机制、优化利益分配和风险承担机制、加强信息共享和知识产权保护以及创新合作模式与方式等措施，我们可以不断提升合作机制的效率和效果。同时，面对挑战我们需要采取积极有效的应对措施来加以解决。只有不断完善和创新合作机制，我们才能更好地适应新时代的发展要求，推动各方实现共同发展和繁荣。

在未来的发展中，随着全球化和信息化的深入推进以及新技术的不断涌现，合作机制将继续发挥重要作用。因此，我们需要持续关注市场动态和技术发展趋势，不断探索新的合作模式和方式，以推动合作机制的持续完善和创新。同时，加强国际合作与交流也是推动合作机制发展的重要途径之一。通过加强与其他国家和地区的合作与交流，我们可以借鉴和吸收先进的合作经验和技术成果，进一步提升我国合作机制的水平和影响力。

三、设计理念与方法的创新

设计理念是指导设计活动的核心思想，而设计方法则是实现设计理念的具体手段。在快速变化的时代背景下，设计理念与方法的创新对于推动设计领域的进步和发展具有重要意义。

（一）设计理念的创新

1. 用户中心的设计理念

传统的设计理念往往以产品为中心，而现代设计理念则更加注重以用户为中心。用户中心的设计理念强调从用户的需求和体验出发，关注用户的心理、行为和情感等方面，以满足用户的期望和需求为目标。这种设计理念的创新，使得设计更加贴近用户，提高了产品的可用性和用户体验。

2. 可持续发展的设计理念

随着环境问题日益突出，可持续发展成为当今社会的重要议题。在设计领域，可持续发展理念强调在设计过程中充分考虑环境、社会和经济的可持续性，通过减少资源消耗、降低环境污染和提高产品的可回收性等方式，实现设计的可持续发展。这种设计理念的创新，有助于推动设计领域向更加环保、节能和可持续的方向发展。

3. 跨界融合的设计理念

在信息化、全球化的时代背景下，不同领域之间的交流和融合成为趋势。跨界融合的设计理念强调打破传统设计领域的界限，将不同领域的知识、技术和文化进行融合和创新，以产生新的设计思路和方法。这种设计理念的创新，有助于拓展设计的视野和思路，推动设计领域的创新和发展。

（二）设计方法的创新

1. 迭代式的设计方法

传统的设计方法往往采用线性的工作流程，从需求分析到方案设计再到实施评估，各个环节相对独立。而迭代式的设计方法则强调在设计过程中不断进行迭代和优化，通过不断试错和反馈，逐步完善设计方案。这种设计方法的创新，使得设计更加灵活和高效，能够更好地适应市场变化和用户需求的变化。

2. 基于大数据和人工智能的设计方法

随着大数据和人工智能技术的快速发展，这些技术为设计方法的创新提供了新的可能。基于大数据的设计方法可以通过收集和分析大量用户数据，挖掘用户需求和行为模式，为设计提供有力的数据支持。而基于人工智能的设计方法则可以利用机器学习、深度学习等技术，实现设计的自动化和智能化，提高设计效率和质量。

3. 协同设计的方法

协同设计的方法强调设计团队之间的合作与协同，通过多学科、多领域的交叉合作，共同解决设计中的问题。这种设计方法的创新，有助于充分利用团队成员的专业知识和技能，实现资源共享和优势互补，提高设计的创新性和实用性。

（三）设计理念与方法创新的实践应用

设计理念与方法的创新并非空中楼阁，它们需要在实际的设计项目中得到应用和验证。例如，在智能家居产品的设计中，可以运用用户中心的设计理念，深入挖掘用户对家居生活的需求和期望，设计出更加符合用户习惯和喜好的产品。同时，可以采用迭代式的设计方法，通过不断试错和反馈，优化产品的功能和界面设计。此外，还可以利用大数据和人工智能技术，分析用户的使用数据和行为模式，为产品的升级和改进提供数据支持。

（四）面临的挑战与应对措施

设计理念与方法的创新虽然带来了诸多机遇，但也面临着一些挑战。首先，创新需要勇气和冒险精神，设计师需要敢于突破传统思维和框架，尝试新的设计理念和方法。其次，创新需要持续的学习和研究，设计师需要不断更新自己的知识和技能，跟上时代的步伐。最后，创新还需要团队合作和沟通，设计师需要与团队成员、用户和其他利益相关者进行充分的交流和协作，共同推动设计项目的成功实施。

为了应对这些挑战，设计师可以采取以下措施：一是加强自我学习和提升，不断更新自己的设计理念和方法；二是积极参与行业交流和合作，借鉴他人的成功经验和创新思路；三是注重用户研究和市场调研，深入了解用户需求和市场需求；四是勇于尝试和迭代，不断优化设计方案和提高设计质量。

设计理念与方法的创新是推动设计领域进步和发展的重要动力。通过用户中心、可持续发展和跨界融合等创新理念，以及迭代式、大数据和人工智能、协同设计等创新方法的应用和实践，我们可以设计出更加符合用户需求、环保可持续且具有创新性的产品。同时，面对挑战时我们需要保持勇气和冒险精神，持续学习和研究，加强团队合作和沟通，以推动设计理念与方法的不断创新和发展。

在未来的发展中，随着科技的不断进步和社会的不断变化，设计理念与方法将继续面临新的机遇和挑战。因此，我们需要保持敏锐的洞察力和前瞻性思维，不断探索和尝试新的设计理念和方法，以适应时代的发展需求并推动设计领域的持续创新和发展。

四、材料与工艺的创新应用

随着科学技术的不断进步和人们对生活质量要求的提高，材料与工艺的创新应用已经成为推动社会发展的重要力量。新材料和新工艺的出现，不仅为各行各业带来了前所未有的发展机遇，也为人们的生活带来了更多的便利和舒适。

（一）材料创新应用

1. 高性能材料的研发与应用

高性能材料是指具有优异力学、热学、电学、磁学等性能的材料。近年来，随着航空航天、电子信息、新能源等领域的快速发展，对高性能材料的需求日益迫切。例如，碳纤维复合材料因其轻质高强、耐腐蚀等特性，在航空航天领域得到了广泛应用；高温超导材料则因其零电阻、强磁场等特性，在电力输送、磁悬浮列车等领域展现出巨大的应用潜力。

2. 生物材料的开发与利用

生物材料是指来源于生物体或与生物体相容的材料。随着生物技术的不断发展，生物材料在医疗、环保等领域的应用越来越广泛。例如，生物降解塑料可以替代传统塑料，减少环境污染；组织工程材料则可以用于修复人体受损组织，提高医疗水平。

3. 智能材料的探索与应用

智能材料是指具有感知、响应和自适应能力的材料。随着物联网、人工智能等技术的快速发展，智能材料在智能家居、智能穿戴等领域的应用日益凸显。例如，形状记忆合金可以在特定条件下改变形状，实现智能控制；压电材料则可以将机械能转化为电能，实现能量回收。

（二）工艺创新应用

1. 3D打印技术的普及与发展

3D打印技术是一种通过逐层堆积材料来制造三维实体的技术。近年来，随着3D打印技术的不断完善和成本的降低，其在建筑、汽车、医疗等领域的应用越来越广泛。3D打印技术可以实现复杂结构的快速制造，提高生产效率，降低生产成本。同时，它还可以实现个性化定制，满足消费者的多样化需求。

2. 精密加工技术的提升与应用

精密加工技术是指对材料进行高精度、高效率的加工和制造的技术。随着微电子、光电子等产业的快速发展，对精密加工技术的要求越来越高。例如，纳米加工技术可以在纳米尺度上实现对材料的精确操控，为微纳电子器件的制造提供了有力支持；激光加工技术则以其高精度、高效率的特点，在航空航天、汽车制造等领域得到了广泛应用。

3. 绿色制造技术的推广与实践

绿色制造技术是指在制造过程中充分考虑环境保护和资源利用的技术。随着全球环境问题的日益严重，绿色制造技术受到了越来越多的关注。例如，清洁生产技术通过优化生产工艺和减少废弃物排放，实现了制造过程的环保和节能；循环经济模式则通过资源的循环利用和再利用，降低了对自然资源的依赖和消耗。

（三）材料与工艺创新应用的发展趋势

1. 跨界融合与协同创新

未来，材料与工艺的创新应用将更加注重跨界融合与协同创新。不同领域之间的知识和技术将相互渗透和融合，产生更多具有创新性的材料和工艺。同时，产学研用之间的紧密合作也将推动材料与工艺创新应用的快速发展。

2. 智能化与个性化制造

随着物联网、大数据、人工智能等技术的不断发展，智能化和个性化制造将成为材料与工艺创新应用的重要方向。通过智能化技术实现对制造过程的精确控制和优化，提高生产效率和产品质量；通过个性化定制满足消费者的多样化需求，提升市场竞争力。

3. 绿色可持续发展

面对全球环境问题的挑战，绿色可持续发展将成为材料与工艺创新应用的重要原则。未来的材料和工艺将更加注重环保和节能，通过采用清洁生产技术、循环经济模式等手段，降低对环境的负面影响，实现可持续发展。

材料与工艺的创新应用是推动社会进步和发展的重要力量。通过高性能材料、生物材料、智能材料等新材料的研发与应用，以及 3D 打印技术、精密加工技术、绿色制造技术等新工艺的普及与发展，可以为各行各业带来更多的机遇和挑战。同时，也需要关注跨界融合、智能化制造和绿色可持续发展等趋势，以推动材料与工艺创新应用的持续发展。在未来的发展中，期待看到更多具有创新性和实用性的材料和工艺出现，为人们的生活带来更多的便利和舒适。

参考文献

［1］匡红云. 文创旅游产业的顾客—品牌关系构建［M］. 上海：上海财经大学出版社，2020.

［2］李君. 数字化与乡村旅游空间布局［M］. 长春：吉林人民出版社，2022.

［3］赵勤. 旅游文创产品设计［M］. 哈尔滨：哈尔滨工程大学出版社，2021.

［4］董敏，毛斌，李榕静. 旅游文创产品设计　以山东省旅游文创产品为例［M］. 北京：化学工业出版社，2023.

［5］陆丽芳. 非物质文化遗产旅游文创产品设计研究［M］. 北京：中国纺织出版社，2023.

［6］蒋艺芝，邓渭亮. 普通高等教育艺术与设计专业精品规划教材　旅游文创产品设计［M］. 中国民族文化出版社，2022.

［7］金真一，金成，罗洋. 朝鲜族民间工艺与旅游文创产品设计人才培养结项汇报展汇编［M］. 延吉：延边大学出版社，2019.

［8］严婷婷，张西玲. 文创产品与旅游纪念品设计［M］. 北京：科学出版社，2020.

［9］王鹏. 文化与旅游策划十二堂课［M］. 石家庄：河北教育出版社，2020.

［10］周钰庭. 文创地图［M］. 北京：现代出版社，2020.

［11］丁伟. 文创设计新观［M］. 北京：北京理工大学出版社，2018.

［12］王兴斌，任国才. 旅游百人谈　第 1 辑［M］. 北京：中国旅游出版社，2021.

［13］马勇. 旅游规划与开发［M］. 武汉：华中科技大学出版社，2019.

[14] 罗晓东，张学勤. 文创产业策论八讲[M]. 成都：四川人民出版社，2019.

[15] 薄言. 产业观光旅游设计［M］. 北京：中国商业出版社，2019.

[16] 陶力，布乃鹏. 超大城市周边乡村旅游　实践与案例［M］. 上海：上海交通大学出版社，2021.

[17] 徐虹，焦彦，张柔然. 乡村旅游文化传承与创新开发研究［M］. 北京：中国旅游出版社，2021.

[18] 赵鹏宇，崔嫱，刘丽芳. 五台山风景区旅游发展与管理研究［M］. 北京：光明日报出版社，2020.